HANNS DIETER HÜSCH

Essen kommen!

Mit einem Vorwort von Georg Bungter,

Illustrationen von Jürgen Pankarz

und Fotos von Paul Maaßen

Essen kommen!

Mit freundlicher Unterstützung von

Inhalt

Vorne weg!

Damit eins mal gleich klar ist:
Hanns Dieter Hüsch kann nicht kochen.
Und damit noch was gleich klar ist:
Hanns Dieter Hüsch versteht SEHR viel vom Kochen!

So ist das nämlich bei uns Niederrheinern:
Von nix 'ne Ahnung, aber immer Bescheid wissen.
Das kennen wir von Ditz Atrops und Konsorten.
Und die kennen wir von Hanns Dieter.

Frag den mal nach Schnibbelskock. Oder Stielmus.
Oder Panhas.
Da fallen dem keine Rezepte ein.
Aber Geschichten!

Und weil der Hanns Dieter für sein Leben gern
Geschichten erzählt und für sein Leben gern lecker isst,
liegt jetzt dieses Buch vor unserer Nase. Wenn man sich
ein bisschen Mühe gibt, kann man es auch riechen:
Speck, Zwiebeln, der heiße Dunst von frischen Reibekuchen …
Denn der Mensch ist nicht, was er isst. Sondern was
er gegessen hat. Als er Kind war, als die Heimat aus
Onkeln und Tanten und Gerüchen und Ritualen
bestand.
Antoine de Saint-Exupéry, auch einer aus der Provinz
und auch einer voller Geschichten, hat es so gesagt:
»Ich stamme aus meiner Kindheit wie aus einem Land.«

Hanns Dieter Hüsch stammt aus Moers wie aus einem
Kochbuch. Kann man das sagen? Kann man. Wer vom
Niederrhein kommt, kennt das.

Ich zum Beispiel komme amtlich aus Krefeld.

In Wahrheit komme ich aber aus Trommelklang. Alle Einwohnermeldeamtsdaten, alle Stammbucheinträge meiner jungen Jahre sagen mir heute wenig. Aber Trommelklang! Das kochte meine Oma in Willich, die aus Aldekerk stammte, gleich neben Nieukerk, Holland klingt schon an im Namen, aber heute heißt das alles Kerken und ist eine Autobahnabfahrt nicht weit von Kempen, wo man raus muss, wenn man nach St. Hubert (auf bert betont, nicht auf Hu, weil wir uns noch erinnern, dass das vom lateinischen Hubertus kommt) zum Moses fährt, der eigentlich Jürgen Pankarz heißt, bei dem Hanns Dieter schon mehr als ein Käffken getrunken hat und der die Illustrationen zu diesem Buch gemacht hat, wo war ich stehen geblieben?

Trommelklang. Das war ein Gericht aus Kartoffeln und Zwiebeln und Speck, die gemeinsam stundenlang bei kleiner Hitze auf dem großen Kohleofen mit der umlaufenden Reling gedämpft wurden. Es war wunderbar. Es war Heimat.

Erst als ich groß war, erfuhr ich, warum das so hieß: Im vorigen Jahrhundert sangen sie ein Soldatenlied mit dem Anfang »Es geht mit gedämpftem Trommelklang…«.

Wahrscheinlich sangen sie das, wenn sie verloren hatten. Wenn sie einen zu Grabe tragen mussten. Und was macht man am Niederrhein? Nicht vergessen, nicht verdrängen. Weiterleben muss man ja sowieso. Also macht man das Beste draus:
Eine ironische, melancholische, sentimentale, satirische und vor allem essbare Erinnerung. Könnte von Hüsch sein, der Trommelklang. Essen kommen!

Georg Bungter

DER HOF

Der Hof, in dem wir Kinder immer spielten, lag

versteckt hinter dem Haus. Er war nicht sehr groß.

Aber es reichte, um dort mit alten Frühstücks-

brettchen und Tennisbällen Tennis zu spielen.

Es wurde ein Seil gespannt, man musste den Ball

über das Seil bringen, sonst stand es 1:0 für den

andern. Oder wir spielten mit alten umgedrehten

Spazierstöcken Hockey.

Sehr oft ertönte aus dem Haus der Ruf: Essen

kommen! Und wir Kinder warfen dann oft unsere

Spazierstöcke oder Frühstücksbrettchen missmutig

weg. Ich mochte keinen Spinat, keinen Blumenkohl

und keine Möhren. Essen und Spielen waren für

uns Kinder die Hauptbeschäftigung.

Vorspeisen und kleine Happen

Kölscher Kaviar mit Musik

ZUTATEN

1 Ring Blutwurst
1 Gemüsezwiebel
Paprikapulver
Löwensenf
4 Röggelchen

ZUBEREITUNG

Blutwurst häuten und in etwa daumendicke Scheiben schneiden. Die Gemüsezwiebel in mittelstarke Ringe schneiden. Und nun fangen schon wieder die Unterschiede an: In Köln wird dazu ein Röggelchen gegessen, an anderen Orten eher ein normales Brötchen oder sogar ein Schwarzbrot.

Belegen Sie das Brötchen mit den Zutaten und geben Sie etwas Paprika und zum Schluss Senf dazu.

Und ob Sie jetzt ein Altbier, ein Pils oder ein Kölsch bestellen, ist egal, Hauptsache das Bier ist frisch und kalt.

Strammer Junge

Ist vom Sauerbraten einmal etwas übrig geblieben, so lassen sich die Reste mit diesem Rezept optimal verwerten.

ZUTATEN

1–2 Scheiben frisches Weißbrot
2–4 daumendicke Scheiben kalter Sauerbraten
200 g Kartoffelsalat
1–2 Spiegeleier
Butter
100 ml Sauerbratensauce

ZUBEREITUNG

Das Weißbrot dick mit Butter bestreichen. Die Brotscheiben mit dem Sauerbraten belegen. Darauf 3–5 cm Kartoffelsalat und ein oder zwei Spiegeleier verteilen. Über das Ganze die warme Sauce vom Sauerbraten geben. Dazu schmeckt, ob es nun Kölsch, Alt oder Pils ist, fast jedes kalte Bier.

Beamtenstipp

Zum Beamtenstipp eignen sich Kartoffeln, Nudeln und Reis gleichermaßen gut als Beilagen.

ZUTATEN

2 kleine Zwiebeln
40 g Fett
Salz
Pfeffer
350–500 g Hackfleisch
4 EL Tomatenmark

ZUBEREITUNG

Die fein gehackten Zwiebeln in einem Schmortopf in heißem Fett glasig braten. Dann das mit Salz und Pfeffer kräftig gewürzte Hackfleisch zugeben und mit den Zwiebeln mischen. Wenn das Fleisch gut gebräunt ist, das Tomatenmark und 500 ml Wasser zugeben. Alles 20 Minuten bei kleiner Hitze köcheln lassen.

Haben Sie damals gewusst, was ein Halver Hahn ist? Sie können es ruhig zugeben. Ich verrate es nicht.

Ich hab es nämlich damals auch nicht gewusst. Das heißt, noch schlimmer, ich hatte es gewusst und wieder vergessen. Es ist ganz schön spannend, wenn der Ober dann grinsend weggeht und man denkt sich alles Mögliche, aber nichts passt.

Dabei ist es so einfach. Aber man kommt nicht drauf. Ich verrate nichts. Die andere Hälfte steht ja auch in diesem Buch. Nicht enttäuscht sein. Es schmeckt nämlich sehr gut!

Soleier mit zwei Saucen

Früher gehörten Soleier zum Standard-Repertoire rheinischer Gastwirte. In großen Gläsern standen die Soleier auf der Theke und wurden von den Gästen als preiswerte Bierhappen geschätzt. Heute sind sie weitgehend aus den Kneipen verschwunden, schmecken tun sie aber immer noch.

ZUTATEN

20 Eier
Salz
Pfeffer
Senf
Essig nach Geschmack
Öl nach Geschmack

Für die Kräutermajonäse:
4 EL Majonäse
2 EL Jogurt
1 Zwiebel
1 Gewürzgurke
1 eingelegte grüne Peperoni
1 EL Kapern
2 EL gehackte Kräuter (Schnittlauch,
Dill, Kresse, Petersilie)
Salz
Zucker
Pfeffer
1 Schuss Essig

Für den Apfelketschup:
2 säuerliche Äpfel
6 EL Tomatenketschup
Salz
Zucker
Zitronensaft

ZUBEREITUNG

Die Eier hart kochen, die Schale leicht anknicken. In zwei Liter Wasser nun so viel Salz geben, dass die Eier darin schwimmen. Mindestens 24 Stunden in der Lauge stehen lassen. Dann servieren.

Und so isst man die Soleier: Eier pellen, längs halbieren und den Dotter herauslösen. Nacheinander Pfeffer, Senf, Essig, Öl und das Eigelb in das Eiweiß hineingeben. Man kann auch die Gewürze, den Essig und das Öl mit dem Eigelb zu einer sämigen Masse verrühren und wieder in das Eiweiß füllen.

Anstelle dieser Füllung schmeckt auch besonders gut Kräutermajonäse oder Apfelketschup.

Für die Kräutermajonäse wird Majonäse mit Jogurt glatt gerührt. Zwiebel, Gurke, Peperoni würfeln, mit Kapern und Kräutern unter die Majonäse mischen und mit den Gewürzen abschmecken.

Für den Apfelketschup die Äpfel waschen, schälen und grob raspeln, mit Tomatenketschup vermischen und mit Salz, Zucker und Zitronensaft abschmecken.

Halve Hahn

Der Käse beim Halven Hahn sollte nicht zu jung sein, am besten eignet sich ein mittelalter Gouda. Als Senf schmeckt der scharfe Düsseldorfer Löwensenf hervorragend.

ZUTATEN

2 Röggelchen (Roggenbrötchen)
Butter
4 dicke Scheiben mittelalter Gouda
Senf

ZUBEREITUNG

Röggelchen in vier Hälften schneiden, mit Butter bestreichen und mit dem mittelalten Käse belegen.

Und jetzt kommt die entscheidende Phase, der Senf. Ein Halver Hahn unterscheidet sich nur durch die Zugabe von Senf von einem gewöhnlichen Käsebrötchen. Ob Sie dabei scharfen oder mittelscharfen Senf benutzen, ist dem eigenen Geschmack überlassen.

Jetzt kommt so ein Essen, für das ich gerne die
französische, italienische, spanische oder griechische
Küche stehen lasse. Einen schön kross gebratenen
Speckpfannkuchen mit weißem Speck natürlich,
nicht mit vornehmem durchwachsenem Speck,
das ist nix, nee weißer Armeleutsspeck muss es sein,
und den Speckpfannkuchen dann von beiden Seiten
tief braun gebrannt gebraten, da werde ich verrückt,
da kann ich bis zum Verschlucken gar nicht mehr
aufhören, da muss man mich zur Not nach Hause
bringen, ganz ohne Alkohol, nur kross gebratener
Speckpfannkuchen. Und er muss dünn in der
Pfanne liegen, sonst wird er mir gleich zu weich
und zu unpersönlich und der Geschmack ist nicht
aussagekräftig. Speckpfannkuchen muss gradaus
lecker sein.

Speck- und Mettwurst-Pfannekuchen

Pfannekuchen kann man in unzähligen Varianten herstellen, von süß bis deftig. Man kann sie als kleine Vorspeisen oder aber, zusammen mit einem gemischten Salat, als komplettes Hauptgericht reichen.

ZUTATEN

300 g Mehl
$^1/_2$ l Milch
4 Eier
300 g Speck oder 4 Mettwürste
Salz
Pfeffer
Muskatnuss

ZUBEREITUNG

Das Mehl mit der Milch glatt rühren. Die Eier zugeben und würzen. Den Speck in lange Streifen oder die Würste in dünne Scheiben schneiden.
Speck oder Wurst langsam in einer Eisenpfanne auslassen. Schließlich den Teig in die Pfanne füllen und langsam stocken lassen. Auf einen Teller gleiten lassen und wenden. Fertig braten und servieren.

Da werde ich verrückt, da kann ich bis zum Verschlucken gar nicht mehr aufhören ...

Apfel-Zwiebelschmalz

ZUTATEN

2 Äpfel
2 Zwiebeln
500 g Schweineschmalz
Salz
Pfeffer
Majoran

ZUBEREITUNG

Äpfel und Zwiebeln schälen und in kleine Stücke schneiden.

Das Schmalz in der Pfanne auslassen. Die Zwiebeln darin leicht anbräunen. Die Apfelstücke zufügen und 5 Minuten mitbraten. Schmalz mit Salz, Pfeffer und Majoran würzen, etwas abkühlen lassen und in einen Steinguttopf gießen. Gut auskühlen und anschließend im Kühlschrank aufbewahren.

Das Schmalz schmeckt herrlich zu einem Glas Bier und einem frischen Roggenbrot.

Frikadellen

Frikadellen schmecken warm und kalt. Wer seine Frikadellen besonders knusprig mag, wälzt sie vor dem Braten noch in Paniermehl.

ZUTATEN

500 g Rinderhack
1 altbackenes Brötchen
1 Ei
1 Zwiebel
1 EL Butter
Salz und Pfeffer
Butterschmalz

ZUBEREITUNG

Das alte Brötchen (ersatzweise Toastbrot) in etwas Milch einweichen. Die Zwiebel schälen, in möglichst kleine Würfelchen schneiden und in etwas Butter anschwitzen. Mit dem Fett zusammen zum Hackfleisch geben. Brötchen gut ausdrücken und mit dem Ei ebenfalls dem Hackfleisch zufügen. Kräftig würzen und mit feuchten Fingern kräftig durchkneten.
Kleine Bällchen oder flache Bratlinge formen und in Butterschmalz rundum knusprig braun braten.

Wieße Hännes

ZUTATEN

1 Ring grobe Leberwurst
1 Zwiebel
Öl
Essig
1 Lorbeerblatt
3 Nelken
6 Pfefferkörner

ZUBEREITUNG

Leberwurst und Zwiebel in Scheiben schneiden. Aus Öl, Essig und den Gewürzen eine Marinade zubereiten und diese über die Leberwurstscheiben gießen. Zwiebeln zufügen und über Nacht ziehen lassen. Zu Röggelchen und Bier ergibt dies eine einfache, aber sehr schmackhafte Vorspeise.

Mein Vater aß gern Fisch.

Hinterher hing er dann immer am Wasserkran

und sagte: Fisch muss schwimmen.

Mein Onkel aß gern dicke Bohnen und sagte:

Eine dicke Bauhne ist mir lieber als eine Schnaute

voll Brot.

Ich esse gerne Suppen, Suppen aller Art.

Erbsensuppe, Linsensuppe, weiße Bohnensuppe,

Frühlingssuppe, Kartoffelsuppe und so weiter ….

Es heißt ja, dass das die Menschen sind, die nicht

in die Welt hinaus wollten, sondern lieber im

schönen warmen Mutterleib geblieben wären.

Kann schon sein. Wenn ich mir die Welt manchmal

so angucke, da ist dann oft eine leckere warme

Suppe sehr vonnöten.

Suppen und Eintöpfe

Erbsensuppe

Die Erbsensuppe gilt im Rheinland als die Mutter aller Suppen und darf bei keinem rustikalen Buffet fehlen.
Ohne sie wäre auch der rheinische Karneval nicht denkbar.

ZUTATEN

600 g grüne, getrocknete Erbsen
200 g geräucherter Speck (Endstücke und Schwarte)
2 Stangen Lauch
2 Möhren
$^1/_4$ Sellerieknolle
1 Bund Frühlingszwiebeln
400 g Kartoffeln
1 Zwiebel
$1^1/_2$ l heiße Brühe
1 Bund Petersilie
2 Zweige Majoran oder $^1/_2$ TL getrockneter Majoran
2 Zweige Liebstöckel oder $^1/_2$ TL getrockneter Liebstöckel
2 EL scharfer Senf
6 geräucherte Mettwürstchen

ZUBEREITUNG

Die getrockneten Erbsen in 3 Liter Wasser 24 Stunden mit den geräucherten Speckstücken einweichen. Speckstücke herausnehmen. Die Erbsen mit dem Einweichwasser aufsetzen und zwei Stunden köcheln lassen. Anschließend die Flüssigkeit abgießen.
Gemüse klein schneiden. Kartoffeln und Zwiebel würfeln. Alles in der Brühe garen. Den Speck würfeln und knusprig braten. Die frischen Kräuter fein hacken. Die Frühlingszwiebeln und die Mettwürstchen klein schneiden. Alles zusammen mit den Erbsen in die Brühe geben. Mit Senf noch einmal aufkochen und mit Salz abschmecken.
Schmeckt am nächsten Tag aufgewärmt noch besser!

Erbsensuppe mit Blutwurst

ZUTATEN

1¹/₂ l Brühe
200 g getrocknete, grüne Erbsen
300 g durchwachsener Speck
200 g Kartoffeln
1 Stange Lauch
1 Möhre
1 Zwiebel
1 Stück Sellerie
1 Msp. Pfeffer
1 TL Majoran
400 g Blutwurst

ZUBEREITUNG

Die Erbsen am Vorabend in 1 l Wasser einweichen. Das Gemüse putzen und klein schneiden. Den Speck und die Kartoffeln würfeln. Dann die Erbsen in die Brühe geben und circa 45 Minuten kochen. Anschließend alle anderen Zutaten – bis auf Speck und Zwiebel – hineingeben und nochmals 10 Minuten kochen.

In der Zwischenzeit die Zwiebel und den Speck ausbraten und zur Suppe geben. Dazu gibt es Blutwurst, kalt oder heiß in Butter gebraten. Sie kann aber auch einfach in die Suppe geschnitten werden.

Erbseneintopf

500 g Erbsen
1 Bund Suppengrün
250 g Speck
Majoran
400 g Kartoffeln
Salz
Pfeffer
4 Paar Würstchen

Einen Abend vorher die Erbsen waschen und in 2 Liter Wasser einweichen. Am nächsten Tag die Erbsen mit dem Einweichwasser, fein gewürfeltem Suppengrün, angeröstetem Speck und Majoran circa 45 Minuten kochen. Gewürfelte Kartoffeln zugeben, mit Salz und Pfeffer abschmecken und fertig garen. Die Würstchen in der Suppe heiß werden lassen.

Dicke Bohnen mit Speck

Dies ist sicher einer der bekanntesten Eintöpfe im Rheinland. Dennoch ist die auf den Tisch gebrachte Qualität höchst unterschiedlich. Verzichten Sie in diesem Fall wirklich auf Tiefkühlware, sondern puhlen Sie die Bohnen frisch aus den Schoten. Es lohnt sich.

ZUTATEN

500 g Bohnenkerne (mit Schale etwa 2 kg)
200 g durchwachsener Speck
1 Zwiebel
Schweineschmalz
Bohnenkrautstängel
¹/₂ l kräftige Fleischbrühe
Salz
Pfeffer
1 rohe Kartoffel
100 g Sahne
pro Person 1 Mettwürstchen

ZUBEREITUNG

Zwiebel in Streifen schneiden. Schmalz in einem Topf auslassen und darin den Speck braten. Zwiebelstreifen und anschließend die frischen dicken Bohnen dazutun. Kurz anrösten, den Bohnenkrautstängel hineingeben und mit der heißen Brühe auffüllen. Würzen und 30 Minuten mit geschlossenem Deckel köcheln. Nach der Hälfte der Garzeit die rohe Kartoffel in den Eintopf reiben und die Sahne zugeben. Nochmals abschmecken und für die letzten 10 Minuten die Mettwürstchen mitkochen lassen.

MEINE MUTTER

Meine Mutter, das war landauf landab bekannt,
war eine wunderschöne Frau mit tief blauschwarzem
Haar, im Nacken zu einem sogenannten Ballettknoten
zusammengesteckt, und sie konnte lachen wie keine
Zweite und ist nur 41 Jahre alt geworden, da war ich
10 und das ist gar nix. Meine Mutter konnte eine
Wahnsinns-Schnibbelbohnensuppe kochen mit Rindfleisch drin. Die gab es oft am Samstagmittag, wenn
mein Vater endgültig aus dem Büro kam.
Das ist alles schon lange her.
Und ging so schnell vorbei.
Aber die Schnibbelbohnensuppe von meiner Mutter
war die beste.

Schnibbelbohnensuppe mit Rippfleisch

Die Schnibbelbohnensuppe ist im Rheinland neben der Erbsensuppe die wohl beliebteste und populärste Suppe. Wenn keine frischen Schnibbelbohnen zur Hand sind, kann man auch Bohnen aus der Konserve verwenden, wodurch eine Menge Vorbereitungszeit entfällt.

Zutaten

1 kg hohe Rippe
1 große Zwiebel
1 Lorbeerblatt
gekörnte Brühe nach Bedarf
1 kg sauer eingelegte Schnibbelbohnen
500 g Zwiebeln
2 Möhren
2 Stangen Lauch
500 g Kurtoffeln
2 Mettwürste
Pfeffer
saure Sahne nach Geschmack

Zubereitung

Hohe Rippe, eine Zwiebel, Lorbeerblatt, gekörnte Brühe mit Wasser bedeckt circa $1^1/_2$ Stunden köcheln lassen. Danach das Fleisch aus der Brühe nehmen, auskühlen lassen und in Würfel schneiden. Die Brühe durchsieben.

Die Bohnen abtropfen lassen und in die Brühe geben. Zwiebeln und Möhren schälen und fein würfeln, mit in die Suppe geben und circa 30 Minuten köcheln lassen. Lauch putzen, längs vierteln und in feine Streifen schneiden und circa 5 Minuten vor Ende der Garzeit in die Suppe geben. Kartoffeln schälen, in kleine Würfel schneiden und mit den Mettwürstchen in circa 500 ml Wasser aufkochen; 20 Minuten sieden lassen, abgießen und mit den Fleischwürfeln in die Suppe geben. Eventuell mit Pfeffer abschmecken.

Die Suppe mit einem Löffel saurer Sahne servieren. Dazu schmeckt ein kräftiges Krustenbrot.

Buttermilch-Bohnensuppe

Diese rheinische Delikatesse ist ein Klassiker. Sie ist ein echtes Volksessen, entsprechend viele Variationen sind in Umlauf. In einigen Gebieten des Rheinlandes wird sie sogar mit Heringsstipp gegessen.

Die Suppe schmeckt lauwarm am besten! Übrig gebliebene Suppe sollte nur langsam erwärmt werden! Nicht aufkochen, da sie sonst gerinnt!

ZUTATEN

1,5 kg Kartoffeln
1 kg grüne Bohnen (frisch oder eingefroren)
500 g Zwiebeln
2 Dosen weiße Bohnen
3 l Buttermilch
200 ml Sahne
Salz
Pfeffer
Zucker
Essig
Mehl

ZUBEREITUNG

Geschälte Kartoffeln und Zwiebeln würfeln und mit den grünen Bohnen in reichlich gesalzenem Wasser (Gemüse muss mit Wasser bedeckt sein) kochen.

Mit etwas Kochwasser eine Mehlschwitze anrühren und die Suppe damit binden. Anschließend die weißen Bohnen zugeben und nochmals aufkochen lassen. Den Topf von der Herdplatte nehmen. Becherweise die Buttermilch und die Sahne unterrühren. Mit Essig und reichlich Zucker die Suppe süßsauer abschmecken. Eventuell mit Pfeffer und Salz nachwürzen.

Linsensuppe mit Blutwurst

ZUTATEN

500 g Kartoffeln
500 g Linsen
Suppengrün
500 g Blutwurst
Pfeffer
Salz

ZUBEREITUNG

Linsen in reichlich Wasser möglichst über Nacht einweichen.
Die geschälten Kartoffeln würfeln und mit den Linsen und dem Suppengrün in 1 l kaltem Wasser aufsetzen und langsam gar köcheln. Anschließend die Blutwurst dazugeben und mit Pfeffer und Salz kräftig abschmecken.

Steckrübeneintopf

ZUTATEN

1–1,5 kg Steckrüben
500 g Kartoffeln
500 g Schweinenacken
2 EL Schmalz
2 Zwiebeln
1 l klare Fleischbrühe
1 Lorbeerblatt
Salz
Pfeffer
Zucker

ZUBEREITUNG

Gemüse und Fleisch in Würfel schneiden. Schmalz im Topf zerlassen, Zwiebeln würfeln und mit dem Fleisch anbraten. Steckrüben zugeben, mit Brühe auffüllen, Lorbeerblatt, Salz und etwas Pfeffer zufügen und circa 1 Stunde kochen lassen. Kartoffelwürfel in den letzten 20 Minuten mitgaren. Den Eintopf zum Schluss mit Pfeffer, Salz und einer Prise Zucker abschmecken.

Kastaniensuppe

Die aufwendige Arbeit des Kastaniensammelns und -schälens kann man sich heutzutage auch sparen, da es mittlerweile vakuumverpackte, geschälte Kastanien in fast jedem Lebensmittelladen gibt.

<table>
<tr><td>Zutaten</td><td>300 g Kastanien
$1/2$ l Fleischbrühe
$1/4$ Sellerieknolle
200 ml Sahne
Salz
Pfeffer
1 Prise Zucker</td></tr>
<tr><td>Zubereitung</td><td>Sollte man Kastanien mit Schale verwenden, diese mit einem scharfen Messer kreuzförmig einritzen und im heißen Ofen so lange backen, bis die Schale aufspringt. Die Kastanien herauspulen, vierteln und in der heißen Fleischbrühe mit dem geputzten und in grobe Stücke zerteilten Sellerie so lange kochen, bis die Kastanien so weich sind, dass man sie stampfen kann. Vor dem Stampfen den Sellerie entfernen. Im Mixer geht es natürlich einfacher.
Jetzt so viel Sahne zufügen bis die Suppe eine gute Konsistenz hat. Mit Salz, Pfeffer und einer Prise Zucker abschmecken.
Dazu reicht man frisches Graubrot.</td></tr>
</table>

Spargel-Graupen-Suppe

ZUTATEN

500 g Spargel
500 g dicke Rippe
1¹/₂ l Brühe
3 gehäufte EL feine Graupen
Salz
Pfeffer

ZUBEREITUNG

Spargel schälen und in Stücke schneiden. Die Spargel-schalen mit der dicken Rippe circa 1 Stunde in Brühe kochen.
Brühe absieben und darin die Graupen circa 40 Minuten kochen. Nach 10 Minuten den in Stücke geschnittenen Spargel dazugeben und alles kochen bis der Spargel schön weich ist. Zum Schluss mit etwas Salz und Pfeffer würzen und das Fleisch von der Rippe klein geschnitten dazugeben.

Spargelsuppe

ZUTATEN

500 g Spargel
40 g Butter
20 g Mehl
250 ml Weißwein
200 ml Sahne
Salz
Zucker
weißer Pfeffer

ZUBEREITUNG

Spargel schälen und Endstücke abschneiden. Spargel in $1^{1}/_{2}$ l Wasser kochen. Hinterher die Köpfe abschneiden und zur Seite stellen. In das gleiche Wasser die Schalen und Endstücke geben und kräftig durchkochen. Anschließend die Brühe in einen gesonderten Topf abgießen und zur Seite stellen.

Aus Butter und Mehl eine Schwitze herstellen, mit der Hälfte der Brühe ablöschen und mit dem Wein aromatisieren. Den Spargel in kleine Stücke schneiden und hineingeben. Das Ganze mit dem Pürierstab oder dem Mixer zerkleinern. Jetzt mit Sahne auffüllen.

Eventuell mit der restlichen Brühe so weit verdünnen, dass eine sämige Suppe entsteht. Mit den Gewürzen abschmecken und mit den Spargelspitzen garnieren.

TANTE ANNA

Tante Anna war die Frau, die mit ihrer Schwester
Tante Maria jeden Samstagnachmittag auf den
Friedhof ging, um die Gräber zu pflegen.
Und mich nahmen sie immer mit. Warum, weiß
ich auch nicht so genau. Wahrscheinlich um mir
frühzeitig den Respekt vor den Toten beizubringen.
Essen und Sterben sind sowieso die Hauptsache,
über die in unserer Familie gesprochen wird.
Tante Anna, der Friedhof, der Samstagnachmittag,
das war noch nicht alles.
Da, wo Tante Anna wohnte, in dem Haus gab
es ein Bad. Wunderbar! Und nach dem Bad bekam
ich die Linsensuppe vom Mittag aufgewärmt, mit
einem Schuss Essig drin. Der Samstag war gerettet.

Rheinische Muschelsuppe

Die rheinische Muschelsuppe, die wie die Muscheln nur in den Monaten mit »r« angeboten wird, findet man auf kaum einer Speisekarte, was sehr schade ist, da sie köstlich schmeckt.

ZUTATEN

1 kg Muscheln
1 l kräftige Rindfleischbrühe
1 Gemüsezwiebel
200 g Möhren
200 g Lauch
200 ml Sahne
Salz
Pfeffer
evtl. 2 Eigelb

Wir drei Männer
waren unersättlich.
Und wir aßen die Muscheln
nach Landsknechtsart.

Die Muscheln kräftig unter fließendem Wasser abbürsten und in der Fleischbrühe aufsetzen. Wenn die Muscheln geöffnet sind, die Brühe durch ein feines Sieb oder ein Passiertuch abgießen. Das Muschelfleisch auslösen.

Die geputzten und gewürfelten Gemüse währenddessen in der Brühe gar ziehen, aber so, dass es noch Biss hat. Die Muscheln dazugeben und das Ganze mit der Sahne auffüllen. Mit Salz und Pfeffer abschmecken.

Je nach Geschmack neben dem Herd mit dem Eigelb legieren. Selbstverständlich kann die Suppe auch klar gegessen werden, d.h. ohne Sahne. Sie sollte dann kräftig mit Pfeffer abgeschmeckt werden.

Rheinische Zwiebelsuppe

ZUTATEN

4 große Zwiebeln
750 g Kartoffeln
1 l Brühe
2 Scheiben Schwarzbrot
$^1/_2$ ml Milch
Salz
Pfeffer

ZUBEREITUNG Die Zwiebeln schälen, in Ringe schneiden und vierteln. Die Kartoffeln schälen und in kleine Würfel schneiden. Beides in der Brühe kochen. Kurz bevor die Kartoffeln gar sind, die beiden Scheiben Schwarzbrot zerkrümelt zugeben.

Wenn die Kartoffeln gar sind, alles mit einem Kartoffelstampfer kurz stampfen. Aufkochen lassen und die Milch zugeben, nochmals aufkochen lassen und mit Salz und Pfeffer abschmecken.

Dazu schmecken am besten frisch zubereitete Reibekuchen.

Kartoffelsuppe mit Äpfeln und Blutwurst

ZUTATEN

500 g Kartoffeln
2 säuerliche Äpfel
50 g durchwachsene Speckwürfel
20 g Butter
1 l Gemüsebrühe
Salz
Cayennepfeffer
Muskat
100 ml Sahne
150 g Blutwurstscheiben

ZUBEREITUNG

Kartoffeln und Äpfel schälen und klein schneiden. Speckwürfel in Butter auslassen, Kartoffeln und Äpfel dazugeben. Mit Brühe ablöschen und etwa 15 Minuten leise köcheln lassen. Würzen und anschließend pürieren. Die Sahne beifügen und nochmals herzhaft abschmecken.
Die Suppe in tiefe Teller geben und mit der Blutwurst belegen.

Wenn ich mir die Welt
manchmal so angucke,
da ist dann oft
eine leckere, warme Suppe
sehr vonnöten.

Rheinische Kartoffelsuppe von gekochten Kartoffeln

Die Kartoffelsuppe gehört zu den klassischen »Samstags-Gerichten«. Wenn sie, wie beim vorliegenden Rezept, ohne Fleischeinlage zubereitet wird, kann man geröstete Brotwürfel dazu servieren.

ZUTATEN

500 g Kartoffeln
1 Zwiebel
30–40 g Butter
1/2 Bund Petersilie
1/2 Stange Lauch
Mehl zum Anstäuben
1 1/2 l kräftige Fleischbrühe
Salz
Pfeffer
geröstete Brotwürfel

ZUBEREITUNG

Die Kartoffeln kochen und reiben und die Zwiebel in Würfel schneiden. In einem Topf die Butter zerlassen und zunächst die gewürfelte Zwiebel, dann die geriebenen Kartoffeln, die fein gewiegte Petersilie und den in feine Streifen geschnittenen und mit Mehl bestäubten Lauch anbraten.

Anschließend mit Fleischbrühe ablöschen und würzen. Nach etwa 15–20 Minuten Kochzeit die Suppe mit den gerösteten Brotwürfeln anrichten.

Man sollte immer eine fest kochende Kartoffelsorte nehmen, bei einer mehligen Sorte wird der Eintopf zu breiig.

Schwarzwurzelcreme

ZUTATEN

400 g Schwarzwurzeln
Saft von einer Zitrone
250 ml Milch
500 ml Geflügelbrühe
200 ml Sauerrahm
200 ml Sahne
1 Spritzer Weißwein
Salz
Pfeffer
Schnittlauch

ZUBEREITUNG

Schwarzwurzeln schälen und sofort mit Zitronensaft einreiben, damit sie ihre Farbe behalten. In Stücke schneiden und in die Milch legen.

Brühe, Rahm und Sahne zusammen aufkochen und die Schwarzwurzeln mit der Milch zufügen. Etwa 20 Minuten köcheln und anschließend durch ein Sieb passieren (oder durch die flotte Lotte treiben). Mit Weißwein, Salz und Pfeffer abschmecken. Mit Schnittlauch garnieren.

Wenn die Suppe dicker gewünscht wird, zunächst aus 30 g Butter und 20 g Mehl eine helle Mehlschwitze machen und dann mit den Flüssigkeiten ablöschen.

Altbiersuppe

Diese Suppe lässt sich natürlich auch mit anderen Biersorten zubereiten.

ZUTATEN

4 Eigelb
100 g Zucker
200 ml Sahne
1 Flasche Altbier
1 Zimtstange
1 ganze Zitronenschale
geröstete Brotwürfel zur Dekoration

ZUBEREITUNG Eigelb mit Zucker schaumig schlagen. Die Sahne dazugeben und unter ständigem Rühren erhitzen. Achtung: Die Suppe darf nicht kochen!
Zwischenzeitlich das Bier mit den Gewürzen erhitzen. Nach circa 10 Minuten die Gewürze herausnehmen und das Bier vorsichtig in die heiße Sahne rühren. Sofort in tiefen Tellern servieren. Die Brotwürfel in die Mitte der Teller verteilen.

BEI FREUNDEN ESSEN

*Kennen Sie das auch, dass es woanders immer
besser schmeckt als zu Haus? Da hat man mit den
Kindern von der befreundeten Familie den ganzen
Tag lang zusammen schön gespielt und dann heißt
es: Bleib doch hier. Kannst doch bei uns essen.
Und die Mutter sagt auch: Klar, wo 5 essen, können
auch 6 essen. Und die zu Hause sagen: Na gut, aber
benimm Dich anständig!
Hurra, und das Essen schmeckt wirklich besser als
zu Hause und man frisst wie ein Scheunendrescher:
Reibekuchen, Heringe, Speckpfannkuchen usw.,
alles schmeckt anders und besser. Eigentlich unfair.
Aber umgekehrt ist es ja Gott sei Dank genauso.
Guten Appetit!*

Kartoffel- und Gemüsegerichte

Rievkooche (Reibekuchen)

Der »Rievkooche« ist ein Klassiker der rheinischen Küche und in unzähligen Variationen zuzubereiten. Es gibt ihn süß mit Apfelkompott oder Rübenkraut, aber auch pikant mit Lachs oder Tartar.

ZUTATEN

1 kg dicke Kartoffeln
2 dicke Zwiebeln
etwas Mehl
etwas Paniermehl
2 Eier
Salz
Pfeffer
Muskat
Öl zum Ausbacken

ZUBEREITUNG

Dicke Kartoffeln schälen und mit einer Reibe in ein Sieb reiben, das in einer großen Schüssel steht. So wird die Brühe sofort aufgefangen und kann nach dem Reiben in einen kleinen Topf gegossen werden (wir brauchen noch etwas davon). Die dicken Zwiebeln in den Kartoffelbrei reiben und ein paar Zwiebelreste, zu Streifen geschnitten, beimischen. In den Brei halb und halb weißes Mehl und Paniermehl zum Binden geben. (Sollen die Reibekuchen leichter sein, kann auf Mehl und Paniermehl verzichtet werden. Entgegen mancher Meinung halten sie auch so in der Pfanne zusammen.)

Mit Salz, Pfeffer und Muskat würzen. Dem Teig wird von der abgefangenen Brühe noch die auf dem Topfboden liegende Stärke beigegeben.

In einer großen Pfanne reichlich Öl erhitzen. Darein den fertigen Teig geben, handtellergroß, aber ganz dünn, auf keinen Fall stärker als 0,5 cm. Die dünnen Kuchen von beiden Seiten durch und durch knusprig backen.

Als Beilage können Apfelkompott, Rübenkraut, Preiselbeeren, Tartar oder Lachs gereicht werden, der Phantasie sind keine Grenzen gesetzt.

Dicke Bohnen in Sahnesauce

Dicke Bohnen sind seit alters her ein Gericht zum Sattmachen. Besonders gegen Ende des Monats werden im Rheinland solche preiswerten Gerichte gekocht.

ZUTATEN

1 kg dicke Bohnen
750 ml Gemüsebrühe
1 Gemüsezwiebel
100 g magerer, geräucherter Speck
40 g Butter
20 g Mehl
100 ml Sahne
Bohnenkraut
Salz
Pfeffer

ZUBEREITUNG

Bohnen in der Brühe weich kochen. Währenddessen die Zwiebel und den Speck würfeln und in der Butter in einem Topf langsam anbraten. Mit Mehl bestäuben und leicht anschwitzen. Jetzt mit einem Teil der Bohnen-Kochbrühe unter ständigem Rühren aufgießen. Sahne dazugeben und mit Bohnenkraut, Salz und Pfeffer würzen. Die dicken Bohnen abgießen und darunter heben und nochmals etwas ziehen lassen.

Pottschlot

1¹/₂ kg Kartoffeln
Milch
100 g Rückenspeck
Butter
1 Kopfsalat
Salz
Pfeffer
Essig

ZUBEREITUNG

Kartoffeln schälen und in Salzwasser kochen. Das Wasser abgießen, Milch hinzufügen und zu Kartoffelpüree stampfen.
Speck auslassen und dann mit dem Fett über das Püree gießen. Untermischen und eventuell noch mit Milch verfeinern. Den gewaschenen Kopfsalat in kleine Stücke reißen, mit Essig abschmecken und unter die Kartoffel-Speckmasse heben.
Pottschlot kann warm und kalt gegessen werden.

Pille-Kooche

Der Pille-Kooche, der anderswo auch Schnibbelskuchen heißt, hat eine auffallende Ähnlichkeit mit den bekannten Schweizer Röstis. Und das spricht für Qualität. Verwenden Sie auf jeden Fall fest kochende Kartoffeln.

ZUTATEN

1¹/₄ kg Kartoffeln
3 Eier
2 EL Weizenmehl
2 Zwiebeln
Salz
Pfeffer
Öl zum Ausbacken

Möglichst große Kartoffeln schälen und zu »Pillen« (feinen Stiften) raspeln. Eier und Mehl darunter rühren. Zwiebeln auf feinster Raspel reiben und unter den Teig heben. Mit Salz und Pfeffer abschmecken.

In einer eisernen Stielpfanne reichlich Öl erhitzen. Von dem Teig dicke Pfannkuchen formen und in der Pfanne von beiden Seiten knusprig backen (bei geschlossenem Deckel). Dazu gibt es Schwarzbrot mit Butter und Rübenkraut.

Pottkooche (Topfkuchen)

Der Pottkooche ist die hausfrauenfreundliche Variante des Reibekuchens. Während man bei deren Zubereitung unter Dauerstress steht, geht es beim Pottkooche sehr gemütlich und familienfreundlich zu.

ZUTATEN
1 kg dicke Kartoffeln
1 mittelgroße Zwiebel
1 Ei
3 EL Mehl
Salz
Butter
Rübenkraut

ZUBEREITUNG Kartoffeln schälen, waschen und reiben. Gut auspressen! Nun die Zwiebel reiben oder klein schneiden, mit Ei und Mehl unter die Kartoffelmasse rühren. Das Ganze mit Salz abschmecken.

In eine gefettete, feuerfeste Auflaufform oder einen Gusseisentopf geben. Im vorgeheizten Backofen (untere Schiene) bei 200° 60–80 Minuten backen.

Mit einem Messer den Kuchen im Topf in fingerdicke Scheiben schneiden. Mit Rübenkraut bestreichen und sofort auf den Tisch bringen.

MEINE OMMA

Meine Omma väterlicherseits (ich weiß schon, dass man Omma mit einem M schreibt, aber wir sagen Omma und schreiben Omma mit 2M und Oppa mit 2P, ätsch) – meine Omma war eine flinke Frau. Sie schmiss den Laden, während mein Oppa still und stumm in der Küche saß. Meine Omma war eine tüchtige Frau und scheuchte ihre 4 Kinder, 3 Jungs, eine Tochter, durch die Gegend und trieb sie zu höheren Leistungen an. Mein Vater war zuletzt Verwaltungsdirektor ohne Abitur. Meine Omma hatte ein Gericht erfunden, vielleicht gab's das auch schon, aber für mich hat es meine Omma erfunden, ein Gericht, das hieß Doppelstein. Und das ging folgendermaßen: Kartoffeln werden in kleine Würfelchen geschnitten, ebenso weißer Speck, Armeleutsspeck, und dann dazu Bohnen. Alles durcheinander mit einem Stich Butter oder Schmalz gekocht, sodass Kartoffeln und Speck wie kleine Steinchen aussahen, Schuss Essig dran, und fertig waren die Doppelsteine. Schmeckte irrsinnig gut. Und in den großen Ferien war ich ja meist bei Omma und Oppa und meinem Vetter Günther, da hab ich mir als erstes Essen immer Doppelstein gewünscht. Wie gesagt, hat meine Omma einfach erfunden.

Himmel un Ääd (Himmel und Erde)

Dieses Gericht besteht aus zwei Zutaten, nämlich Kartoffeln und Äpfeln. Da die Kartoffeln im Boden (Erde) wachsen und die Äpfel an den Bäumen (im Himmel), ist die Herleitung des Namens denkbar einfach.

1 kg Kartoffeln
$^1/_4$ l Milch
60 g Butter
Salz
Pfeffer
1 kg säuerliche Äpfel
2 Gemüsezwiebeln
1 Ring erstklassige Blutwurst
etwas Mehl
Butterschmalz
evtl. durchwachsener Speck

Kartoffeln schälen und in Salzwasser sehr weich kochen. Milch, Butter, Salz und Pfeffer aufkochen und die Kartoffeln darin zerstampfen. Warm stellen.

Gleichzeitig Äpfel schälen, vom Kerngehäuse befreien und in Spalten schneiden. In etwas Butter weich dünsten und ebenfalls stampfen. Äpfel und Kartoffel zusammenrühren.

Währenddessen die in feine Scheiben geschnittene Zwiebeln in etwas Butter goldgelb rösten. Die Blutwurst ohne Pelle in 1 cm dicke Scheiben schneiden, in etwas Mehl wenden und in heißem Butterschmalz kross braten.

Das Püree auf die Teller geben und mit Flönz und Zwiebeln belegen. Wem das noch nicht kräftig genug ist, der kann auch noch ausgelassene Speckwürfel unter das Püree geben.

Rheinische Graupen

ZUTATEN

250 g Backpflaumen
250 g Graupen
50 g Butter
Salz
2 gestrichene EL Zucker

ZUBEREITUNG Die Backpflaumen am Vorabend einweichen. Die Graupen mit der Butter und 1 l Wasser im geschlossenen Topf bei mittlerer Hitze 45 Minuten kochen lassen.

Die am Vorabend eingeweichten Backpflaumen, Salz und den Zucker dazugeben. Alles zusammen 20 Minuten kochen.

Ohne Deckel weiterköcheln, damit die Flüssigkeit verdampfen kann. Nach Bedarf das eingeweichte Wasser der Backpflaumen dazugießen. Der Brei soll so dick sein, dass man ihn noch mit der Gabel essen kann.

Dazu kann man kalten Braten oder gekochten Schinken reichen.

Rheinischer Kappes

ZUTATEN

400 g Schweinemett
Knoblauchsalz
Pfeffer
Paniermehl
150 g fetter Speck
3 Zwiebeln
1 mittelgroßer Weißkohl
2 kg Kartoffeln
$^1/_4$ l Rindfleischbrühe
Salz
Schnittlauch

ZUBEREITUNG

Schweinemett mit Knoblauchsalz und Pfeffer würzen und zu kleinen Bällchen formen (evtl. in ganz wenig Semmelmehl wälzen). Speck würfeln, Zwiebeln grob hacken, Weißkohl raffeln und Kartoffeln schälen und in Stifte schneiden.

In einem Bräter Speck auslassen, Zwiebeln zugeben und goldgelb anschwitzen. Weißkohl, Kartoffeln und Mettbällchen abwechselnd lagenweise einschichten. Fleischbrühe darüber gießen. Mit wenig Pfeffer und Salz würzen und circa 20 Minuten mit geschlossenem Deckel dünsten. Nochmals abschmecken und mit Schnittlauchröllchen servieren.

Tipp: Dieser Eintopf schmeckt aufgewärmt besonders lecker!

Linsen mit Blutwurst

ZUTATEN

500 g Linsen
200 g Möhren
200 g Lauch
200 g Sellerie
60 g Butter
Zucker
Rotweinessig
Salz
Pfeffer
1 dicke Gemüsezwiebel
500 g Blutwurst
etwas Mehl

ZUBEREITUNG

Die Linsen über Nacht in $1^1/_2$ l Wasser quellen lassen. Am nächsten Tag die geputzten Gemüse in Butter leicht anschwitzen. Linsen mit dem Quellwasser dazugeben und in etwa 50 Minuten gar köcheln.

Das Wasser abgießen und das Gemüse mit Zucker und Essig süßsauer abschmecken. Salzen, pfeffern und warm stellen. In etwas Butter die in feine Scheiben geschnittene Zwiebel auslassen und zum Linsengemüse geben.

Zum Schluss die Blutwurst in Scheiben schneiden, in Mehl wenden und in heißer Butter schön kross braten. Ebenfalls auf das Linsengemüse geben und sofort servieren.

Oh, beinahe hätte ich Onkel Heinz vergessen.

Er war ein Kreissparkassenoberinspektor und der
Mann von Tante Anna. Er kam aus dem Harz,
aus Goslar, und streute sich immer Zucker über
die Bratkartoffeln. Ich habe das nirgendwo sonst
gesehen, dass sich jemand Zucker über die Brat-
kartoffeln streut. Aber es schmeckte ihm.

Ich denke, das sind so kleine Finessen, die in jeder
Region anders gehandhabt werden.

So, jetzt haben wir schon fast die ganze Familie
zusammen. Tante Maria fehlt zwar, aber die hielt
sich ziemlich draus, wenn's ums Kochen ging.

Sie war Schneiderin, hatte drei Lehrmädchen und
wusste auch sonst nicht, wo das Leben lang lief.

Bratkartoffeln mit Speck

ZUTATEN

1 kg Pellkartoffeln
20 g Butter
3 EL Öl
Salz
Pfeffer
200 g durchwachsener Speck
1 Gemüsezwiebel

ZUBEREITUNG

Pellkartoffeln in Scheiben schneiden. Butter und Öl in einer schweren Eisenpfanne heiß werden lassen, die Pellkartoffeln hineingeben und braten. Mit Salz und Pfeffer würzen.

In einer separaten Pfanne den Speck auslassen und die gehackte Zwiebel dazugeben. Den Inhalt dieser Pfanne zu den Kartoffeln geben und noch einmal kurz durchschwenken.

Bruchspargel

500 g Bruchspargel pro Person
Salz
1 Zitronenscheibe
Zucker
Toastbrot
geröstete Semmelbrösel
Butter
geriebener Käse
Pfeffer

ZUBEREITUNG   Den frischen Spargel schälen und in reichlich Salzwasser mit einer Scheibe Zitrone kochen. Geben Sie eine Prise Zucker und pro kg Spargel eine Scheibe Toastbrot ins Wasser. Das Spargelwasser abschütten.
Den Spargel mit gerösteten Bröseln, mit etwas brauner Butter und Käse bestreuen und auftragen. Mit Salz und Pfeffer abschmecken.
Tipp: Zur Aufbewahrung den Spargel, geschält oder ungeschält, in ein feuchtes Küchenhandtuch einschlagen und kühl lagern.

MEIN OPPA

Mein Oppa saß immer am Kopf des Tisches

und ich immer am Fuß, sodass ich ihn aus dieser

kleinen Entfernung immer gut beobachten konnte.

Meistens sprach er kein Wort, hörte den andern aber

genau zu.

Sagte dann mal: Jaja. Das war's dann aber schon. Er

war ein kleiner gedrungener Mann. Alles an ihm sah

aus, als habe er gar keinen Hals. Er war ein leiser

Mensch. Nur wenn er das Brot schnitt, und er schnitt

das Brot, sonst niemand.

Er stand dann auf seinem Platz, hatte das lange

viereckige Kasten-Weißbrot in seinem Arm und

schnitt so an beiden Seiten herunter, dass ein Dach

entstand, und meine Augen wurden immer größer

und es war wunderbar: Oppa schnitt das Brot.

Und oft rief meine Omma extra: Essen kommen!

Oppa schneidet das Brot.

Das war für mich eine selige Stunde.

Erbsenpüree

Dieses Erbsenpüree eignet sich hervorragend als Beilage zu Eisbein mit Sauerkraut.

ZUTATEN

500 g gelbe Erbsen
4 Zwiebeln
2 EL Schmalz
500 g fetter Bauchspeck
1 Lorbeerblatt
Salz
weißer Pfeffer
Senf

ZUBEREITUNG

Über Nacht die Erbsen einweichen. Eine Zwiebel fein hacken und in einem großen Topf in Schmalz dünsten. Etwas Einweichwasser der Erbsen und den Bauchspeck dazugeben. Das Ganze zum Kochen bringen. Erbsen und Lorbeerblatt hinzugeben und mit so viel Einweichwasser auffüllen, dass die Erbsen gerade bedeckt sind. Bei kleiner Flamme gar kochen.

Das Fleisch herausnehmen und in Scheiben schneiden. (Es wird mit Senf gegessen.) Die Erbsen dann durch ein Sieb pürieren (evtl. etwas Brühe zurückhalten, damit ein schöner Brei entsteht). Mit Pfeffer und Salz abschmecken.

Die restlichen Zwiebeln in Ringe schneiden und in einer Pfanne braun rösten. Das Erbsenpüree in einer tiefen Schüssel anrichten und mit den gerösteten Zwiebelringen garnieren.

Dazu das Fleisch reichen!

Rheinischer Grünkohl

ZUTATEN

500 g Kartoffeln
1,5 kg Grünkohl
250 ml Brühe
40 g Gänseschmalz
2 Zwiebeln
150 g geräucherter Speck
40 g Mehl
200 ml Sahne
Salz
Pfeffer
Muskat
süßer Senf

ZUBEREITUNG

Die gewürfelten Kartoffeln zusammen mit dem Grünkohl 30 Minuten in der Brühe kochen.

Die Kochbrühe abgießen, einige Esslöffel aufbewahren.

In der Zwischenzeit Zwiebeln schälen und fein würfeln, Speck ebenfalls in kleine Würfel schneiden. In einer Pfanne Gänseschmalz erhitzen und darin die Zwiebelwürfel und die Speckwürfel auslassen. Das Ganze mit Mehl überstäuben, dazu die Sahne geben und alles unter das Gemüse mischen. Kurz aufkochen lassen, eventuell noch etwas Kochbrühe dazugeben und mit den Gewürzen kräftig abschmecken.

Möhren untereinander

ZUTATEN

500 g Möhren
500 g Kartoffeln
1 l Gemüsebrühe
Salz
Pfeffer
Muskat
200 ml Sahne
Butter
1 Bund Petersilie

ZUBEREITUNG

Möhren und Kartoffeln waschen, schälen und in etwa gleich große Stücke schneiden. In einem Liter Brühe weich kochen. In ein Sieb abgießen.

Im selben Topf die Sahne leicht erhitzen, Salz, Pfeffer und Muskat zugeben und das Gemüse mit den Kartoffeln in der Sahne zerstampfen. Die Butter untermengen (nicht zu wenig) und zum Schluss die gehackte Petersilie hinzufügen.

Man kann Bratwurst oder Frikadellen dazu reichen.

Eigentlich wird das Püree mit Milch zubereitet, aber leckerer ist es mit der fettigeren Sahne.

Schwarzwurzeln

Schwarzwurzeln sind ein zu Unrecht sehr ins Abseits geratenes schmackhaftes Gemüse, dessen etwas aufwendige Bearbeitung keinen echten Feinschmecker abschrecken sollte. Empfohlene Arbeitskleidung: Schürze und Gummihandschuhe!

ZUTATEN

1 kg frische Schwarzwurzeln
6 EL Essigessenz 25 %
2 EL Mehl
4 EL Butter
$^1/_8$ l Sahne
Salz
Zucker
2 EL Butter
4 EL Paniermehl

ZUBEREITUNG

Schwarzwurzeln waschen, dünn schälen und in mundgerechte Stücke schneiden. Sofort in Essig-Essenz-Wasser (1 l Wasser, 3 EL Essig-Essenz) legen, damit sie sich nicht verfärben. 1 l Wasser mit Salz und 3 EL Essig-Essenz aufkochen, die abgetropften Schwarzwurzeln zugeben und 20–25 Minuten garen. Die Schwarzwurzeln aus dem Topf holen und etwas vom Sud aufbewahren.

Aus Butter und Mehl eine helle Schwitze bereiten. Mit dem Sud und der Sahne aufgießen und aufkochen lassen. Mit Zucker süßsauer abschmecken. Die Schwarzwurzeln darin heiß werden lassen. In einem Pfännchen Butter erhitzen, Paniermehl zugeben und goldbraun rösten. Auf die Schwarzwurzeln streuen.

Dazu passt am besten Kassler mit Salzkartoffeln!

Wirsinggemüse

ZUTATEN

1 Wirsing
250 g magerer, geräucherter Speck
40 g Butter
20 g Mehl
400 ml kräftige Fleischbrühe
Salz
Pfeffer
Muskatnuss
evtl. Sahne

ZUBEREITUNG

Den Wirsing von den äußeren Blättern befreien und anschließend mit dem Gemüsehobel oder einem großen Gemüsemesser in sehr feine Streifen schneiden. In Salzwasser gar kochen, abschütten und etwas trocknen lassen.

Speck in der Butter auslassen, mit Mehl bestäuben und mit der Brühe ablöschen. Würzen und mit dem Gemüse mischen. Je nach Geschmack kann man auch noch etwas Sahne zu der Brühe gießen.

Panierter Sellerie

ZUTATEN

kleine Sellerieknollen (nach Bedarf)
Salz
Pfeffer
Mehl
Eier (nach Bedarf)
Paniermehl
Butterschmalz
Zitrone

Die Sellerieknollen im Ganzen ungeschält in reichlich Wasser gar kochen. Danach schälen und in 1 cm dicke Scheiben schneiden. Salzen und pfeffern.
Zuerst in Mehl, dann in geschlagenem Ei und zuletzt in Paniermehl wenden. In reichlich Butterschmalz goldgelb ausbacken. Mit Zitrone würzen.

Sauerkraut mit dicken Bohnen

Dies ist ein wunderbar deftiges Gericht vom Niederrhein. Am besten schmeckt es mit einem luftigen Kartoffelpüree und einem Glas Bier.

ZUTATEN

300 g dicke Bohnen
500 g Schweinebauch
500 g Sauerkraut
1 Lorbeerblatt
5 Wacholderbeeren
10 Pfefferkörner
Salz
Pfeffer
1 Gemüsezwiebel
250 g magerer, durchwachsener Speck

ZUBEREITUNG

Bohnen über Nacht einweichen. Am nächsten Tag in dem Einweichwasser zum Kochen bringen. Nach etwa 45 Minuten das Fleisch und das Sauerkraut dazugeben und nochmals 20 Minuten köcheln lassen. Mit Wacholderbeeren, Pfefferkörnern, Lorbeerblatt, Salz und Pfeffer würzen und mit geschlossenem Deckel nochmals 45 Minuten köcheln lassen.
Die Gemüsezwiebel in Ringe schneiden. Den klein geschnittenen Speck in einer Pfanne kross ausbraten, die Gemüsezwiebel dazugeben und leicht bräunen lassen. Das Gemüse in eine Schüssel geben und mit dem Speck und den Zwiebeln begießen. Das Fleisch aufschneiden und getrennt reichen.

Was man heute, glaub ich, gar nicht mehr kennt, das ist Endivienschlaat, Schande über mich, wenn ich mich irren sollte. Aber Endivienschlaat, das muss man so essen, wie man es spricht. Endivienschlaat, das ist für Vaters einzigen preußischen Beamtensohn. Endiviensalat mit Kartoffelpüree durcheinander und dann dazu ausgelassene Speckkrüttsches, schön kross ausgelassen, dadrüber, und dann nochmal gemengt – was verrate ich Ihnen eigentlich das Rezept, das ist gar nicht meine Aufgabe – und dann nochmal gemengt und dann gegessen, lecker! Endivienschlaat!

Spargel mit Sauce hollandaise

ZUTATEN

500 g Spargel pro Person
Salz
Zucker
Toast
200 g Butter
4 Eigelb
Zitrone
Salz
weißer Pfeffer

ZUBEREITUNG

Den Spargel von oben nach unten schälen und in einen großen Topf mit kochendem Salzwasser legen. Geben Sie eine Prise Zucker und pro kg Spargel 1 Scheibe Toastbrot ins Wasser.

Butter erhitzen. Eigelb mit Zitronensaft verrühren und die heiße Butter unter ständigem Rühren tropfenweise zugeben. Sobald die Masse steif ist, würzen. Den Spargel aus dem Topf nehmen und die Sauce darüber geben. Die Sauce muss nicht heiß sein, sollte aber auch nicht völlig erkalten.

Dazu können Sie frische Kartoffeln servieren.

Issumer Spargel

Der Wonnemonat Mai wird von allen Spargelliebhabern herbeigesehnt. Leider gibt es schon lange vor dem 8. Mai überall Importspargel zu kaufen. Dem echten Genießer fällt es aber nicht schwer, diesen liegen zu lassen und auf die deutsche Ware, z. B. die vom Niederrhein, zu warten. Achten Sie beim Einkauf darauf, dass Sie wirklich frisch gestochenen Spargel erhalten. Nehmen Sie zur Probe das Ende einer Stange zwischen Daumen und Zeigefinger und drücken Sie fest zu. Bei frischem Spargel treten einige Tropfen Wasser aus.

ZUTATEN

500 g Spargel pro Person
Salz
Zucker
Toast
50 g Butter pro Person
2 hart gekochte Eigelb pro Person
je 2 Scheiben roher und gekochter Schinken pro Person

ZUBEREITUNG

Schälen sie den Spargel von oben nach unten. Nicht zu sparsam schälen, damit der Spargel nicht bitter schmeckt. Füllen sie einen großen Topf mit Salzwasser und bringen sie dieses zum Kochen. Geben Sie eine Prise Zucker dazu und pro kg Spargel 1 Scheibe Toastbrot (bindet die Bitterstoffe).

Inzwischen die Butter auslassen und die Eier hart kochen. Die Eigelbe anschließend auslösen. Auf jeden Teller den Schinken rollen und zwei Eigelbe aufsetzen. Den Spargel auf eine Platte geben. Das Eigelb wird von jedem Esser bei Tisch mit der Gabel zerdrückt. Die heiße Butter löffelweise über die zerdrückten Eigelbe geben, bis eine sämige Sauce entsteht. Den Spargel darauf legen.

Dazu passen leckere Frühkartoffeln.

Essen kommen! Jaaaa! Was gibt's denn? Stielmus!

Auja! Ich war und bin ein großer Stielmus-Esser.

Viele kennen Stielmus gar nicht oder nicht mehr.

Vom Stielmus bin ich so begeistert, dass ich oft

nicht weiß, ob man es mit ie oder nur mit i schreibt.

Ist mir aber auch wurscht. Eine Mettwurst gehört

auch unbedingt noch dazu. Ich höre bei dem Wort

Stielmus immer noch das Geräusch des Messers,

das durch die gebündelten Stängel fährt und sie

klein schneidet.

Wie Stielmus gemacht wird, ganz einfach.

Eine Seite weiterblättern. Da steht's!

Stielmus

Das Stielmus ist, wie der Name es schon sagt, ein Mus aus Stielen, also eigentlich ein Abfallprodukt. Es bezeichnet im wesentlichen eine mit Stielen aufgefüllte Mehlschwitze. Es kann mit Teltower Rübchen, Mangold, Spinat und sogar geschossenem Salat zubereitet werden.

ZUTATEN

1 kg Gemüsestiele
500 ml Fleischbrühe
50 g Butter
30 g Mehl
250 ml Milch
Salz
Muskat

ZUBEREITUNG

Stiele in der Fleischbrühe weich kochen. Aus Butter und Mehl eine helle Mehlschwitze herstellen und mit Milch und Brühe ablöschen, sodass eine sämige Sauce entsteht. Würzen und 10 Minuten ausquellen lassen. Stiele in die Sauce einlegen und zusammen mit Kartoffeln und einem schönen Schnitzel, Kotelett oder Bratwurst servieren.

Schnieders Courage

ZUTATEN

125 g weiße Bohnen
375 g frisches Bauchfleisch
250 g Möhren
250 g Kartoffeln
1 Zwiebel
1 Apfel
1/2 Stange Porree
125 g Backpflaumen
gekörnte Brühe
Salz
Pfeffer
Senf

ZUBEREITUNG

Die weißen Bohnen über Nacht in $1/2$ l Wasser einweichen. Bohnen und Bauchfleisch in 1 Liter frischem Wasser aufsetzen und eine knappe Stunde kochen lassen.

In der Zwischenzeit Möhren, Kartoffeln, Zwiebel und Apfel putzen und in Scheiben schneiden. Den Porree gründlich waschen und in Ringe schneiden. Die vorbereiteten Zutaten, ohne den Porree, mit den Backpflaumen zu den Bohnen geben. Das Bauchfleisch obendrauf legen.

Den Eintopf mit der gekörnten Brühe, Salz und Pfeffer würzen. Wieder aufkochen lassen und dann auf mittlerer Hitze weitere 30 Minuten garen.

Den Porree in den letzten 5 Minuten mitgaren. Speck herausnehmen, in Scheiben schneiden und extra anrichten. Nach Belieben mit Senf bestreichen.

Dazu kann man Schwarzbrot reichen.

Stampes (Stampfkartoffeln)

ZUTATEN

1 kg Endiviensalat
1 kg Kartoffeln
Essig
Öl
Salz
Pfeffer
1 kleine Schalotte
200 ml Sahne
Muskat
etwas Butter

ZUBEREITUNG

Kartoffeln kochen und den Salat putzen, waschen und in Streifen schneiden. Aus Essig, Öl, Salz und Pfeffer eine Salatsauce rühren. Die Schalotte schälen, in feine Würfel schneiden und beifügen. Den Salat in der Sauce wenden.

Sahne leicht erhitzen und mit Salz, Pfeffer und frisch geriebener Muskatnuss würzen. Die gekochten Kartoffeln zufügen und kräftig durchstampfen. Mit der Butter noch etwas geschmeidig machen.

Die Hälfte des Endiviensalates unter das Püree ziehen und auf Teller verteilen. Den übrigen Salat in einer Schüssel mit auf den Tisch stellen.

Rübstielgemüse

Wenn im Frühjahr das erste Gemüse auf den Markt kommt, freut man sich im Rheinland auf das leckere Rübstielgemüse. Ein Gemüse, circa 30–50 cm lang, das vorwiegend aus Stielen besteht.

ZUTATEN

300 g Rübstiel
1 Msp Natron
300 g Kartoffeln
100 g durchwachsener Speck
1 Zwiebel
2 EL Mehl
40 g Butter
200 ml Fleischbrühe
Salz
Pfeffer

ZUBEREITUNG

Den Rübstiel gut waschen, dann bündelweise die Wurzeln entfernen und die Stiele in etwa 1cm kleine Stücke schneiden. Von den Blättern nur wenig dazuschneiden.

Das klein geschnittene Stielgemüse in kochendem Salzwasser, dem eine Messerspitze Natron zugegeben wird, einmal kurz aufkochen, dann über einem Sieb abschütten.

Die Kartoffeln schälen und in Salzwasser kochen.

Speck und Zwiebel würfeln. Speckwürfel in einer Pfanne auslassen, Zwiebelwürfel dazugeben und braten, bis sie glasig sind. Zum Rübstiel geben.

Mit der Butter und dem Mehl eine Mehlschwitze zubereiten, mit der Fleischbrühe auffüllen. Das Rübstielgemüse dazugeben. Mit Salz und Pfeffer kräftig abschmecken.

Die frisch gekochten Kartoffeln grob zerstampfen und unter das Gemüse geben. Mit einem Stich guter Butter abschmecken.

Als Fleischbeilage kann man frische Bratwurst reichen.

TANTE LIESE

war ja die Frau von Onkel Hein, die mich an

Mutters Stelle großgezogen hat. Verzogen hat, wie

viele sagen, das ist mir gleichgültig, sie hat mich nie

erzogen, sie hat mich geliebt. Und so fällt beim Essen

oft der Satz: Tante Liese hat das so gemacht, Tante

Liese hat den Kartoffelsalat anders gemacht.

Und meine Frau zieht mich ständig auf, bevor ich

überhaupt was gesagt habe. Natürlich, sagt sie,

Tante Liese hat das natürlich anders gekocht,

Tante Liese hat das natürlich besser gemacht.

Tante Liese, es tut mir Leid, ich bin keine Tante Liese.

So kann man sich manchmal wegen des Essens in

die Haare kriegen.

Warmer Kartoffelsalat mit Speck

ZUTATEN

500 g Kartoffeln
50 g geräucherter Speck
1 Zwiebel
3 EL Essig
Salz
Pfeffer
3–4 EL Brühe

ZUBEREITUNG

Kartoffeln kochen, schälen und in Scheiben schneiden.
Die Kartoffeln warm halten.
Den Speck und die Zwiebel in kleine Würfel schneiden
und in einer Pfanne anrösten, Essig dazugeben und
alles zu den Kartoffeln geben. Mit Pfeffer und Salz
abschmecken. Den Kartoffelsalat mit
heißer Brühe verfeinern.
Warm servie-
ren.

Weißkohlsalat

ZUTATEN

1 kleiner Weißkohlkopf
4 EL Estragonessig
125 g fetter Speck
2 Zwiebeln
Salz
Pfeffer

Kohlkopf halbieren, Strunk entfernen und den Rest fein raspeln. Ist der Kohl noch jung und frisch, wird er roh gegessen, ansonsten muss er in leichtem Essigwasser abgebrüht werden.

Speck und Zwiebeln fein schneiden. In einer Stielpfanne die Speckwürfel auslassen, Essig und Gewürze dazugeben und mit den Zwiebeln und dem Speck heiß über den Kohl gießen. Gut durchziehen lassen.

Rheinischer Feldsalat

ZUTATEN

1,5 kg Kartoffeln
500 g Feldsalat
6 EL Öl
3 EL Essig
Salz
Pfeffer
1 große Zwiebel
100 g Speck
2 EL Mehl

ZUBEREITUNG

Die Kartoffeln schälen und in Salzwasser kochen. Während dieser Zeit den Feldsalat waschen. Eine Marinade aus Öl, Essig, Salz, Pfeffer und Zwiebel rühren und über den Feldsalat gießen.

Speck würfeln und in einer Pfanne auslassen. Mehl dazugeben und erhitzen, bis es hellgelb ist. Unter ständigem Rühren mit Wasser ablöschen und aufkochen. Mit Salz abschmecken. Zum Schluss die Kartoffeln klein schneiden, mit der Specksauce mischen und unter den Feldsalat geben.

Lauchsalat mit Meerrettich

ZUTATEN

4 Stangen Lauch
Salz
1 EL saure Sahne
1 EL Weißweinessig
1 Msp Senf
1 Msp Meerrettich
Salz
Pfeffer

ZUBEREITUNG

Den Lauch gründlich putzen und waschen (auch an den Dreck denken, der möglicherweise zwischen den Blättern sitzt). Anschließend in Salzwasser am Stück vorsichtig garen. Nach circa 20 Minuten abschütten und in mundgerechte Stücke schneiden.
Die restlichen Zutaten zusammenrühren und über den Lauch geben.
Etwas durchziehen lassen und kalt servieren.

Rahmlauch

ZUTATEN

4 Stangen Lauch
1 Knoblauchzehe
1 kleine Zwiebel
100 g Butter
$^1/_4$ ml Sahne
4 Eier
Salz
Pfeffer
Muskat

ZUBEREITUNG Das dunkelgrüne Ende vom Lauch abschneiden, den Lauch der Länge nach durchschneiden und gründlich waschen. In möglichst dünne Streifen schneiden und etwa 5 Minuten in Salzwasser kochen. Dann abgießen. Die Eier hart kochen. Das erkaltete Eigelb herauslösen. Klein gehackte Zwiebel und Knoblauch in der Butter anschwitzen, den Lauch dazugeben und würzen. Sahne und Eigelbe in einer Schüssel gut verrühren und das Lauchgemüse darunter mischen. Achtung: Nicht mehr kochen.

DER ONKEL

Mein Onkel war ein Schneider und ein Musiker.
Er wurde später bekanntlich im Sarg verwechselt
und konnte von seiner Werkstatt, die im 1. Stock lag,
direkt auf den Hof gucken, auf dem wir Kinder
immer »Tennis« und »Hockey« spielten. Und mein
Onkel war ein großer Esser. Singen und Essen gehören, glaub ich, sehr zusammen.

Bei meinem Vater auch. Mein Onkel aß am liebsten
»Kuschlemusch«, und wenn ihm mal beim Mittag-
essen was Menschliches passierte, und unser Dienst-
mädchen, wie das damals leider noch hieß, mit am
Tisch saß, dann sagte Tante Liese: Hein, was soll
denn Luise denken. Aber Onkel Hein tat so, als
wenn es die Katze gewesen wäre, und aß genüsslich
weiter: Kuschlemusch.

Fischgerichte

Kuschlemusch (Stockfisch)

Stockfisch war früher ein traditionelles Fastengericht. Heute wird es hin und wieder am Aschermittwoch gekocht. Fragen Sie Ihren Fischhändler.

ZUTATEN

1 kg Stockfisch (getrockneter Kabeljau)
500 g Kartoffeln
3 mittelgroße Zwiebeln
2 EL Öl
250 ml Brühe
1 EL Mehl
2 Lorbeerblätter
Muskat
Salz
Pfeffer

Den Stockfisch mindestens 12 Stunden bei mehrfachem Wasserwechsel wässern und anschließend entgräten. Die Kartoffeln mit Schale in Salzwasser kochen, anschließend pellen und in Scheiben schneiden.
Die Zwiebeln in Scheiben schneiden und zusammen mit dem Fischfleisch in Öl andünsten. Mit Brühe auffüllen und mit dem in etwas Wasser angerührten Mehl binden. Lorbeerblätter, Muskat, Salz und Pfeffer nach Geschmack hinzugeben und die in Scheiben geschnittenen Pellkartoffeln unterheben.

Heringsbegräbnis

Dies ist ein klassisches Gericht für den Freitag, an dem traditionell Fisch gegessen wird. Die Heringe werden zwischen den Kartoffeln »begraben« und ergeben ein wunderbar einfaches wie sättigendes Essen. Dazu frischer Feldsalat, himmlisch!

ZUTATEN

8 Heringsfilets
1,5 kg Kartoffeln
2 Zwiebeln
1 Stück Butter
1 Lorbeerblatt
Salz
Pfeffer
Maggi
100 ml Sahne

ZUBEREITUNG Zuerst die Heringe über Nacht wässern. In kleine Würfel schneiden. Die Kartoffeln und Zwiebeln schälen und in dünne Scheiben schneiden.
In eine Kasserolle 1–1$^1/_2$ Tassen Wasser geben. Die Kartoffelscheiben schichten. In die Mitte die Heringe, Gewürze und die Butter geben. Im vorgeheizten Backofen bei circa 200° etwa 1 Stunde garen. Die Sahne hinzufügen und gut durchrühren.

Rheinischer Heringssalat

ZUTATEN

3 Matjesfilets
60 g Rind- oder Kalbfleisch, gekocht
1 Gewürzgurke
2 Eier
1 Apfel
200 g Kartoffeln
125 g Rote Bete, frisch gekocht oder aus dem Glas
25 g Walnusskerne
2 EL Majonäse
150 ml saure Sahne
3 EL Essig
1 TL Zucker
Pfeffer
Salz
1 kleine Zwiebel

ZUBEREITUNG

Die Matjesfilets entgräten. Eine Stunde wässern und abtrocknen. Die Filets, das Fleisch und die Gewürzgurke in kleine Würfel schneiden. Die Eier hart kochen. Apfel, Kartoffeln, Eier und Rote Bete schälen und würfeln. Walnusskerne grob hacken. Die Majonäse mit Sahne, Essig, Zucker, Pfeffer und Salz verquirlen. Die Zwiebel schälen, fein reiben und in die Sauce rühren. Die Salatzutaten darunter mischen. Den Salat zugedeckt im Kühlschrank einen Tag durchziehen lassen. Vor dem Servieren noch einmal durchheben, abschmecken und eventuell mit etwas Rote-Bete-Saft dünner machen.

Heringsstipp

Im Rheinland bereitet man einen vorzüglichen Heringsstipp zu, den man mit Pellkartoffeln und frischer Butter auf den Tisch bringt. Man kann das Gericht einige Tage vorher vorbereiten und braucht vor dem Servieren nur noch die Kartoffeln zu kochen.

ZUTATEN

6 Salzheringe
500 ml Buttermilch
500 ml saure Sahne
3 große Zwiebeln
1 Gewürzgurke
2 saure Äpfel
je 20 Pfeffer- und Senfkörner
2 Lorbeerblätter
Salz
Pfeffer
Zucker

ZUBEREITUNG

Die Heringe ausnehmen, waschen und wässern. Dann über Nacht in der Buttermilch marinieren.
Am nächsten Tag die Fische häuten und die Filets von den Gräten abziehen. Die Heringsmilch durch ein feines Sieb passieren und mit der Sahne verrühren. Zwiebeln, Äpfel und Gurke in möglichst feine Scheiben schneiden. Dann in einem länglichen Steinguttopf jede Schicht Heringsfilet dick mit den Zutaten und Gewürzen bestreuen. Zum Schluss die Sahne darüber gießen und mit Salz, Pfeffer und eventuell einer Prise Zucker abschmecken. An einem kühlen Ort (Kühlschrank) drei Tage ziehen lassen.

Neujahrskarpfen

ZUTATEN
1 mittelgroßer Karpfen (gut gewässert)
2 Zwiebeln
1 Stück geräucherter Speck
einige Pfefferkörner
1 Lorbeerblatt
2 Nelken
ca. 3 Flaschen Bier
1 Zitrone
2 Scheiben Weißbrot

ZUBEREITUNG
Den Karpfen bereits fertig gesäubert kaufen und in Portionsstücke teilen. Die Zwiebeln in Scheiben schneiden. Die Zwiebeln, den geräucherten Speck, einige Pfefferkörner, Nelken und Lorbeerblatt hell dünsten und mit so viel Bier ablöschen, dass die vorbereiteten Karpfenportionsstücke später davon bedeckt sind. Einige Zitronenscheiben und eine Hand voll zerriebenes Weißbrot beifügen und kurz unter ständigem Rühren einkochen.
Die dickliche Sauce durch ein Sieb geben, mit Salz würzen, den Fisch hineinlegen und gar ziehen lassen.
Als Beilage reicht man Salzkartoffeln mit Petersilie bestreut.

Sauerkraut mit Fisch

ZUTATEN
500 g Kartoffeln
500 g Fischfilet nach Angebot
500 g Sauerkraut
Salz
Pfeffer
400 ml Sahne
1 Tüte geriebener Käse

Zubereitung   Kartoffeln schälen und in Scheiben schneiden. Nacheinander Kartoffeln, Fisch und zum Schluss Sauerkraut in eine feuerfeste, eingefettete Form schichten. Mit Salz und Pfeffer würzen und mit der Sahne begießen. Im Ofen bei 180° circa 60 Minuten garen. Zum Schluss geriebenen Käse darüber streuen und hellbraun schmelzen lassen.

Matjes in Eiermarinade

Zutaten

400 g Matjes
2 Zwiebeln
4 Gewürzgurken
4 Tomaten
5 Eier
2 EL Öl
1 EL Essig
bunter Pfeffer aus der Mühle

Zubereitung   Matjes in der Länge teilen und in 3 cm breite Stücke schneiden. Zwiebeln und Gewürzgurken würfeln, Tomaten entkernen und in kleine Stücke schneiden. Alles mischen.
Eier hart kochen. Für die Marinade die Eier klein schneiden und mit 2 Esslöffeln Öl und 1 Esslöffel Essig mit einer Gabel vermengen. Unter den Matjessalat heben und kalt servieren.

Eine Muschel ist ja schon eine Perle, aber eine rheinische Muschel mit dem leckeren Sud mit viel Pfeffer ist ja wie die Prinzessin auf der Muschel. Tante Liese war ja bei uns die Muschelmeisterin. Sie schrappte und schrubbte unermüdlich die Muscheln und kochte sie dann auf dem kleinen Gasherd für uns drei Männer, Onkel Hein, meinen Vater und mich. Nach dem Tod meiner Mutter waren ja mein Vater und ich zu Tante Liese und Onkel Hein gezogen, und da gab es immer die ganzen bürgerlichen Feinheiten wie bei Muttern. Muscheln für drei Männer und eine Frau. Nur Tante Liese hatte nicht viel davon. Sie musste kochen und austeilen, kochen und austeilen. Wir drei Männer waren unersättlich. Muscheln, dazu noch dünn geschnittenes Schwarzbrot mit dick Butter drauf. Und wir aßen die Muscheln nach Landsknechtsart. Mit den Fingern. Die Schale wurde in den Sud getunkt und dann die Muscheln aus der Schale gegessen! Und nicht vornehm wie der Klapperstorch die Muschel aus der Muschelschale gezwickt und dann gegessen. Dieserhalb wäre ich beinah in Essen aus einem Lokal in der Papestraße wegen falschen Muschelessens hinausgeworfen worden.

Rheinische Muscheln

In den mit »r« endenden Herbst- und Wintermonaten werden Muscheln in allen Wirtshäusern angeboten und man kann sie in Fischgeschäften frisch kaufen. Besonders lecker sind sie nach einem schönen, langen Winterspaziergang!

ZUTATEN

1,5 kg Miesmuscheln
250 g Zwiebeln
20 g Butter
1 kleines Bund Petersilie
1 Tütchen Muschelgewürz
Salz
Pfeffer
250 ml Weißwein

ZUBEREITUNG

Die Muscheln unter fließendem, kalten Wasser bürsten und die »Bärte« entfernen. Nicht ganz geschlossene Muscheln aussortieren.

Zwiebeln schälen, in Ringe schneiden und in einem Topf circa 5 Minuten in Butter dünsten. Gehackte Petersilie und die Gewürze hinzufügen, mit Weißwein aufgießen und aufkochen lassen. Die Muscheln dazugeben. Den Topf gut schließen und köcheln lassen, bis sich nach circa 5–8 Minuten die Muscheln öffnen. Muscheln, die sich nicht geöffnet haben, sollen nicht gegessen werden!

Dazu schmeckt Schwarzbrot mit Butter und ein gutes Bier.

Bratheringe in Essigmarinade

Heringe in Marinade sind ein ideales Resteessen. Darum sollte man immer mehr Heringe braten, als man zum frischen Verzehr benötigt.

Kennen Sie das auch, dass es woanders immer besser schmeckt als zu Haus?

ZUTATEN

10 Heringe
Salz
1 Zitrone
etwas Mehl

Für die Marinade:
1 Gemüsezwiebel
400 ml Weißweinessig
2 Lorbeerblätter
2 TL Senfkörner
Zucker

ZUBEREITUNG

Für die Marinade die Zwiebel in Ringe schneiden und mit den restlichen Zutaten aufkochen. Vom Herd nehmen und abkühlen lassen.
Heringe säubern und mit Zitronensaft einreiben. Etwas ziehen lassen. Salzen und mit Mehl bestäuben. Heringe von beiden Seiten gar braten. Die Fische noch warm in die Marinade legen. Am besten schmecken sie nach zwei Tagen, sie können jedoch nicht länger als 4–5 Tage aufgehoben werden.

Rheinaal in Dill

ZUTATEN

1 frischer Aal
1 Zwiebel
1 Petersilienwurzel
$^1/_4$ kleine Sellerieknolle
Salz
Pfeffer
3 EL Mehl
125 ml Sahne
3 EL Butter
1 Bund frischer Dill
1 Zitrone

ZUBEREITUNG

Den Aal abziehen, in größere Stücke schneiden und säubern. Den Fisch in einen Topf mit Wasser geben. (Der Fisch sollte mit Wasser bedeckt sein.)
Die geschnittenen Zwiebelringe, Salz, Pfeffer, klein geschnittene Petersilienwurzel und Sellerie dazugeben und etwa 15 Minuten auf kleinster Hitze garen. In dieser Zeit aus Butter und Mehl eine helle Mehlschwitze rühren. Mit Aalbrühe auffüllen und unter ständigem Rühren einige Minuten kochen lassen. Die Aalstücke dazugeben. Dann die Sahne, ein Stück Butter und den fein gehackten Dill dazugeben. Mit Salz und Zitronensaft abschmecken.
Dazu reicht man Salzkartoffeln und Gurkensalat.

Aalspieße mit Salbeisauce

ZUTATEN

1 kg dünne Aale
1 Zitrone
12 Salbeiblätter
Salz
Pfeffer
2 EL Sahne
50 g kalte Butter

ZUBEREITUNG

Den Aal abziehen und filetieren. Eine Stunde marinieren. Dafür Zitronensaft mit 4 Salbeiblättern, Salz und Pfeffer verrühren. Danach den Aal in 10 cm lange Stücke schneiden und auf kleine Holzspieße stecken. In Butter etwa 10 Minuten leicht braten. Aus der Pfanne nehmen und warm stellen.

Die Sahne in die gleiche Pfanne gießen, erhitzen und das in Stücke geschnittene Salbei zufügen. Die kalte Butter dann in kleinen Stückchen einschlagen, abschmecken und über die Aalspieße gießen.

Hierzu passen Salzkartoffeln, Reis oder auch Bandnudeln.

Rheinhecht mit Speck

ZUTATEN

100 g fetter Speck
1 kg Hechtfilet
Salz
1 Zitrone
Mehl
30 g Butter
500 ml Weißwein
250 ml Gemüsebrühe
1 EL Speisestärke
150 ml saure Sahne
Pfeffer

ZUBEREITUNG

Den Speck in kleine Stücke schneiden und den Hecht damit spicken. Mit Salz und etwas Zitronensaft würzen und im Mehl wenden. Überschüssiges Mehl abklopfen und in reichlich Butter von allen Seiten anbraten. Mit Wein und Brühe ablöschen. Bei geringer Hitze und geschlossenem Topf etwa 20 Minuten dünsten. Die Hechtfilets warm stellen.

Die Speisestärke in der sauren Sahne auflösen und zu dem Fischfond geben. Einmal kräftig durchkochen und mit Salz, Pfeffer und Zitronensaft abschmecken. Anschließend die Sauce über die Hechtfilets gießen.

Zanderfilet mit Schnibbelbohnen

ZUTATEN

1 Zander
1 Lauchstange
1 Gemüsezwiebel
1 Zweig glatte Petersilie
750 g grüne Bohnen
2 Schalotten
100 g durchwachsener Speck
Öl
4 EL Senf
75 g kalte Butterstückchen
125 ml geschlagene Sahne
1 Zitrone
Salz
Pfeffer

ZUBEREITUNG

Den Zander filetieren. Das Gerippe mit dem Lauch, der Gemüsezwiebel, der Petersilie, Salz und Pfeffer in 750 ml Wasser ohne Deckel etwa 45 Minuten köcheln. Die Brühe absieben und anschließend auf etwa $^1/_3$ ihrer Menge einkochen.

Bohnen in Salzwasser kurz abkochen. Schalotten fein hacken, Speck in Würfel schneiden und beides in der Pfanne in Öl anbraten. Bohnen dazugeben und bei geringer Hitze warm halten.

In die Fischsauce jetzt den Senf einrühren und anschließend unter ständigem Rühren die kalte Butter beifügen. Die Sahne unterheben und mit Zitronensaft, Salz und Pfeffer abschmecken. Warm stellen.

Die Zanderfilets in vier Stücke teilen und von jeder Seite 3 Minuten braten. Mit Reis oder Kartoffeln und einem Salat servieren.

Zwischendurch muss ich Ihnen rasch was gestehen: Ich rede hier übers Essen, diverse Gerichte, Rezepte, besondere Zubereitung und so weiter, aber ich selbst kann gar nicht kochen, hab's nie gekonnt.

Nicht, dass Sie meinen, ich hätte es verlernt, nee nee, ich bin nicht begabt dafür. Ich kann ja auch kein Auto fahren. Aber ich lass mich gern fahren. Und genauso esse ich gern gut, wobei der Koch nicht immer gleich 5 Löffel hinter den Ohren haben muss. Ein deftiger Eintopf kann mich auch glücklich machen oder wenn meine Frau 10 kleine Lammkoteletts in die Pfanne wirft, für jeden fünf, das ist ein Grund hübsch brav zu Hause zu bleiben.

Fleischgerichte

Hämmchen (Eisbein) mit Sauerkraut

Neben dem Soorbrode (Sauerbraten) ist das Hämmchen, ein opulentes Stück Knochenfleisch aus der Wade des Schweins, das wohl populärste Fleischgericht im Rheinland. Bei der Zubereitung zu Hause lohnt es sich, einen Metzger zu finden, der das Hämmchen in klassischer Manier pökelt, also einige Tage in Salzlake mariniert.

ZUTATEN

1 gepökeltes Schweinehämmchen pro Person
1 dicke Gemüsezwiebel
je 2 Wacholderbeeren, Lorbeerblätter, Nelken
4 Pfefferkörner
Salz
1 kg Sauerkraut
Schmalz
Weißwein

ZUBEREITUNG

Wasser zum Kochen bringen. Die Gewürze und die Hämmchen beifügen und circa 90 Minuten köcheln lassen.
Währenddessen das Sauerkraut in Schmalz anbraten und mit einem Schuss Weißwein ablöschen, dann mit etwas Kochbrühe vom Hämmchen auffüllen.
Nach etwa 1 Stunde die Hämmchen für die restlichen 30 Minuten auf das Sauerkraut geben.
Die Hämmchen sind gar, wenn sich das Fleisch fast von selbst vom Knochen löst. Servieren Sie scharfen Löwensenf und Kartoffelpüree dazu.

Gefülltes Eisbein

Das gefüllte Eisbein ist eine echte, leider in Vergessenheit geratene Delikatesse vom Niederrhein.

ZUTATEN

2 Schinkeneisbeine
Salz
Pfeffer
Muskat
circa 1,5 kg Schweinemett

ZUBEREITUNG Aus dem Eisbein den Knochen auslösen (oder vom Metzger auslösen lassen), ohne dabei jedoch die Schwarte zu durchtrennen. Das Eisbein mit Salz, Pfeffer und einer Spur Muskat innen und außen sorgfältig einreiben. Das enstandene »Loch« mit dem Mett füllen und das Eisbein in ein 2 l Einweckglas geben. Die Hohlräume im Glas ebenfalls fest mit Mett zudrücken. Das Weckglas vorschriftsmäßig verschließen und 2 Stunden einkochen. Jetzt vollständig abkühlen lassen und nochmals 2 Stunden einkochen.

So, im eigenen Gelee gegart und kalt aufgeschnitten, ist das Eisbein eine sehr herzhafte Aufschnittvariante.
Man kann das gefüllte Eisbein auch mit Fäden umwickeln und in Brühe garen. Anschließend wird es kurz unter dem Grill gebräunt und mit Bratkartoffeln gegessen.

Bratwurst mit Bier

Besonders lecker schmecken Bratwürste, wenn man sie in Milch oder Sahne einlegt, trockentupft und anschließend in Öl anbrät. Bratwürste nie mit der Gabel einstechen, sonst platzen sie zu schnell. Lieber mit einer scharfen Messerspitze einstechen oder vor dem Braten in Mehl wenden.

ZUTATEN

4 Bratwürste
1/2 Zwiebel
20 g Butter
125 ml Bier
1 Lorbeerblatt
Pfeffer
Salz
1 EL Stärkemehl

ZUBEREITUNG

Die Bratwürste mit kochendem Wasser übergießen und abtrocknen. Dann mit einer halben in Scheiben geschnittenen Zwiebel in Butter anbräunen, mit dem Bier ablöschen und schnell zum Kochen bringen. Mit Lorbeerblatt, Pfeffer und Salz würzen. Hitze reduzieren und die Bratwürste etwa 15 Minuten bei kleiner Flamme unter mehrmaligem Wenden garen.
Die Würste warm stellen. Mit einem Esslöffel Stärkemehl die Sauce andicken.
Mit Kartoffelpüree servieren. Lecker schmecken die Würste auch in einer süßlichen Variante, wobei man die Sauce mit Honig statt Stärkemehl bindet.

Rheinische Bratwürste

ZUTATEN

500 g frische Bratwürste
4 EL Schmalz
1 kg Kartoffeln
Salz
100 ml saure Sahne

Die Bratwürste in einer feuerfesten Form, in heißem Fett und mit geschlossenem Pfannendeckel knusprig braten. Die geschälten, in Scheiben geschnittenen Kartoffeln mit etwas Salz auf die Bratwürste legen.
5 Esslöffel heißes Wasser angießen und die Sahne über die Kartoffeln gießen. Zugedeckt im Backofen oder auf dem Herd in circa 30 Minuten gar kochen. Erst vor dem Anrichten den Deckel von dem Gericht nehmen.

Ziziesje (Bratwurst) mit Rübstiel

ZUTATEN

1 kg Rübstiel
2 große Zwiebeln
80 g Butter
400 ml Sahne
Pfeffer
Salz
8 frische Bratwürste

ZUBEREITUNG Rübstiel gründlich waschen und von der Spitze aus in 2–3 cm lange Stücke schneiden, bis dahin, wo die Blätter aufhören. In Salzwasser blanchieren.
Die Zwiebeln in kleine Würfel schneiden und in einer Pfanne in etwas Butter glasig dünsten. Das Rübstielgemüse dazugeben und das Ganze mit der Sahne auffüllen und mit Pfeffer und Salz abschmecken.
Bratwürste nicht zu heiß braten, so dass beides zusammen frisch auf den Tisch gebracht werden kann.
Dazu schmecken Kartoffeln oder Kartoffelpüree.

Niederrheinische Ochsenzunge

ZUTATEN

1 Ochsenzunge
30 g Butter
20 g Mehl
$^1/_2$ l Zungen-Kochbrühe
$^1/_4$ l Rotwein
70 g Rosinen
2 EL Zitronensaft
Muskat
Zucker
Salz

ZUBEREITUNG

Die Zunge in Wasser garen. Aus Butter und Mehl eine nussbraune Mehlschwitze herstellen und mit der Kochbrühe und dem Rotwein ablöschen. Mit Rosinen und den restlichen Gewürzen herzhaft abschmecken. Die Zunge in dünne Scheiben aufschneiden und in der Sauce erwärmen.

Rheinischer Schmorbraten

ZUTATEN

750 g Rinderbraten aus der Schulter
1 l Buttermilch
Zitrone
2 Lorbeerblätter
Schweineschmalz
1 Zwiebel
1 l kräftige Brühe
3 EL Rosinen
100 g Aachener Gewürzprinten
100 ml Sahne
Salz
Pfeffer

ZUBEREITUNG

Buttermilch mit Zitronensaft, Lorbeerblättern, Salz und Pfeffer verrühren und den Braten einlegen. Mindestens 3 Tage, besser eine Woche marinieren.

Schweineschmalz auslassen und das Fleisch darin von allen Seiten kräftig anbraten. Die gewürfelte Zwiebel zufügen und nach kurzem Anschwitzen mit der Hälfte der Brühe aufgießen. Köcheln lassen und nach etwa 1 Stunde den Rest der Brühe nachgießen. Nach einer weiteren Stunde ist der Braten gar.

Fleisch herausnehmen und die Brühe auf großer Flamme etwas einkochen. Rosinen dazugeben und würzen. Die Printen zerbröseln und in der heißen Flüssigkeit auflösen. Die Sauce muß jetzt schön sämig sein. Zum Schluss mit Sahne verfeinern und mit Salz und Pfeffer abschmecken.

Rheinischer Sauerbraten

Wichtig beim Sauerbraten ist, dass er süßsauer abgeschmeckt wird. Für die Süße nimmt man holländischen Lebkuchen oder Aachener Printen.

ZUTATEN

1,5 kg Rindfleisch aus der Oberschale

Für die Marinade:
250 ml Rotweinessig
250 ml kräftiger Rotwein
1 Gemüsezwiebel
5 Pfefferkörner, zerstoßen
4 Wacholderbeeren, zerstoßen
2 Lorbeerblätter
Salz
Pfeffer

Für den Braten:
100 g klein gehackte Sellerieknolle
100 g klein gehackte Möhren
100 g gewürfelte Zwiebeln
3 EL Mehl
Schweineschmalz
Lebkuchen oder Printen

ZUBEREITUNG

Die Flüssigkeit mit den Zwiebelscheiben und den Gewürzen aufkochen und etwa 20 Minuten köcheln lassen. Abkühlen und anschließend das Fleisch für 8–10 Tage einlegen. Einmal am Tag wenden. Je länger das Fleisch mariniert, desto mürber wird es.
Schweineschmalz zum Rauchen bringen und den gut abgetrockneten Braten von allen Seiten schön anbraten, aber vorsichtig, denn er soll keineswegs anbrennen. Das Fleisch aus dem Bräter nehmen und zur Seite stellen.
Jetzt das Gemüse im Bratfett anrösten, bis es Farbe genommen hat, das Mehl überstäuben und unter heftigem Rühren die durchgesiebte Marinade angießen.

Wenn diese aufgekocht ist, das Fleisch einlegen, die Hitze reduzieren und den Bräter verschließen. Nun etwa 3 Stunden köcheln lassen.

Den fertigen Braten herausnehmen und die Sauce mit dem Lebkuchen binden. Wenn sie schön dick ist, abschmecken. Anschließend die Sauce durch ein Sieb oder besser mit der »flotten Lotte« passieren. Mit Pfeffer und Salz abschmecken.

Das Fleisch in dünne Scheiben schneiden und noch einmal in die heiße Sauce einlegen und anschließend servieren.

Rheinisches Zwiebelfleisch

ZUTATEN

750 g Rindfleisch in Stücken
1 kg Gemüsezwiebeln
100 g durchwachsener Speck
Schweineschmalz
750 ml kräftige Fleischbrühe
250 ml Weißwein
Salz
Pfeffer
2 EL Kümmel
evtl. Butter und Mehl

ZUBEREITUNG

Die Zwiebeln in Ringe schneiden und den Speck würfeln. Rindfleisch, Zwiebeln und Speck im Schmalz kräftig anbraten. Mit Brühe und Wein ablöschen. Würzen und zugedeckt circa 1 Stunde köcheln. Wem das Gericht zu flüssig ist, der kann eine Mehlschwitze aus Butter und Mehl herstellen.

Hierzu passen Salzkartoffeln oder Püree.

Eines der Essen rund um den Tisch, einfach und bürgerlich, nix besonderes sagt man ja auch immer, wie Reibekuchen und Kartoffelsalat mit Würstchen (Heiligabend), Linsensuppe oder Muscheln und Endivienschlaat, das ist ja Panhas. Nicht, dass Sie meinen, das wäre jetzt ein halber Hase. Nein, Panhas ist ein Abfallprodukt des Schlachttages. Das Wort kommt aus dem Französischen und ist abgeleitet von Panaché, das heißt so viel wie bunt gewürfelt. Wie das jetzt zum Panhas wird, das müssen Sie auf der nächsten Seite studieren. Ich kann nur so viel sagen: Schmeckt hinreißend! Besonders in Scheiben geschnitten und dann in Butter gebraten und den heißen Panhas auf einer dünnen Scheibe Schwarzbrot nicht nur servieren, sondern auch essen. Hmmmmmmm!

schmeckt hinreißend!

Panhas

1 kg Blutwurst
500 g grobe Leberwurst
500 g durchwachsener Speck
250 g Zwiebeln
1 l kräftige Fleischbrühe
Salz
Pfeffer
Majoran
1 Msp Nelkenpulver
1 Msp Piment
etwa 300 g Buchweizenmehl
40 g Butter

Die Blutwurst und die Leberwurst häuten. Speck fein würfeln. Alle Zutaten, außer dem Mehl, in einen Topf geben und erhitzen. Etwa 1 Stunde köcheln lassen. Anschließend das Mehl unter ständigem Rühren einrieseln lassen und 20 Minuten bei kleiner Flamme köcheln lassen. Wenn die Masse schön ausgekocht ist, in eine mit kaltem Wasser ausgespülte Glasform geben und über Nacht im Kühlschrank lassen.

Am nächsten Tag den Panhas in dicke Scheiben schneiden und in heißer Butter braun braten. Servieren Sie Kartoffeln dazu oder ein Stück Schwarzbrot mit Rübenkraut bestrichen.

Niederrheinischer Pfefferpotthast

Z U T A T E N

1 kg Rippchen vom Rind
3/4 l Brühe
500 g Zwiebeln
Salz
Pfeffer
1 Lorbeerblatt
2 Nelken
2 EL Paniermehl
reichlich grob gemahlener Pfeffer

Z U B E R E I T U N G

Die Rippchen in der Brühe aufsetzen. Zwiebeln in Ringe schneiden und mit den Gewürzen zur Brühe geben. Den Potthast in gut 90 Minuten gar kochen.

Das Paniermehl mit etwas Wasser anrühren und zum Binden in die Sauce geben. Abschmecken und dabei darauf achten, dass der Braten sehr pfefferig-scharf schmeckt.

Mösse (Spatzenvögel)

ZUTATEN

1 kg gekochtes Suppenfleisch
30 g Butter
2 Gemüsezwiebeln
20 g Mehl
$^1/_2$ l Rindfleischbrühe
3 EL Weißweinessig
Salz
Pfeffer
frische Kräuter
1 kg Kartoffeln

ZUBEREITUNG

Das Suppenfleisch in kleine Würfel schneiden. Die Butter auslassen und die in feine Streifen geschnittenen Zwiebeln glasig anbraten. Mehl überstäuben und kurz anziehen lassen. Mit der Brühe ablöschen bis eine sämige Sauce entsteht. Mit den Gewürzen und den frischen gehackten Kräutern würzen.

Währenddessen die Kartoffeln schälen, kochen und in Scheiben schneiden. Die Kartoffeln kalt unter die Sauce heben und erwärmen.

Man kann hierzu auch Maccaroni oder Bandnudeln anstelle der Kartoffeln servieren.

Martinsgans

ZUTATEN

1 Gans (3–4 kg)
Salz
Pfeffer
500 g Kastanien
1 Zwiebel
Zwiebelgrün
1 EL fein gehackte Petersilienwurzel
50 g Butter
$\frac{1}{2}$ TL Paprika
3 Äpfel
1 Möhre
1 Lorbeerblatt

ZUBEREITUNG

Von der Gans Hals, Füße, Kopf und einen Teil der Flügel abschneiden, sowie Herz, Magen und Leber entfernen. Das überschüssige Fett aus der Gans lösen, mit Salz einreiben und etwas Pfeffer einstreuen.

Die eingeschnittenen Kastanien im Salzwasser circa 10 Minuten leicht kochen, abgießen und zunächst die Schalen, danach die innere Haut entfernen.

Zwiebelgrün und Petersilienwurzel würfeln und in Butter rösten, anschließend mit Paprika würzen. Die Kastanien zugeben und in wenig Wasser circa 20 Minuten weich kochen. Die geschälten und klein gewürfelten Äpfel mitdünsten. Alles gut vermischen und die Gans damit füllen, zunähen und die Keulen festbinden. Danach die Haut leicht einstechen.

Im Backofen mit 500 ml heißem Wasser, Zwiebel, Möhrenscheiben und Lorbeerblatt circa 2 Stunden bei 220° backen. Die Gans währenddessen mehrfach mit dem Bratfond begießen. Dann herausnehmen, Bratensatz ablösen, einkochen und durch ein Sieb geben.

Nochmals abschmecken. Von der Gans die Fäden abziehen und tranchieren.

Als Beilage eignen sich Rotkohl und Klöße.

Falscher Hase

ZUTATEN

1 kg Rinderhack
3 altbackene Brötchen
2 Eier
1 Zwiebel
$^1/_2$ rote Paprika
50 g Käsewürfel
Salz
Pfeffer
300 g geräucherter Bauchspeck

ZUBEREITUNG

Die Brötchen in Wasser einweichen und anschließend kräftig ausdrücken. Mit dem Hack und den Eiern zu einer homogenen Masse verkneten. Die Zwiebel in dünne Streifen, Paprika und Käse in kleinste Würfelchen schneiden. Alles unter das Hack mischen und mit Salz und Pfeffer herzhaft abschmecken.
Den Boden einer feuerfesten Form mit Speckscheiben auslegen und die Hackfleischmasse wie einen Hasen geformt darauf verteilen. Mit den restlichen Speckstreifen bedecken und circa 1 Stunde bei 200° im Backofen braten.

Rheinischer Hasenpfeffer

ZUTATEN

1 Hase, zerteilt
Salz
Pfeffer
500 ml Rotweinessig
750 ml Rotwein
2 Zwiebeln
2 Lorbeerblätter
10 Pfefferkörner, zerstoßen
5 Wacholderbeeren
1 Nelke
250 g fetter Räucherspeck
40 g Mehl
100 ml Sahne
Rübenkraut
Lebkuchen

ZUBEREITUNG

Die Hasenstücke in ein Gefäß schichten, salzen und pfeffern.

Aus Essig, 750 ml Wasser, Rotwein, in feine Streifen geschnittenen Zwiebeln, Lorbeerblättern, Pfefferkörnern, Wacholderbeeren und Nelke einen Sud kochen. Abkühlen lassen und über das Fleisch gießen. Unter zweimaligem Wenden pro Tag 4–5 Tage marinieren.

Das Fleisch aus dem Sud nehmen und mit Küchenkrepp trockentupfen. In dem ausgelassenen Speck anbraten. Aus dem Sud die Gewürze entfernen (Zwiebel darin lassen) und das Fleisch damit ablöschen. Mit Deckel circa 90 Minuten sanft schmoren bis das Fleisch weich ist.

Aus dem gegarten Fleisch die Knochen entfernen. Das Mehl in der Sahne auflösen und den Garsud damit binden. Mit Rübenkraut und Lebkuchen süßsauer abschmecken und die Fleischstücke wieder dazugeben. Hierzu passen Rotkohl, Rosenkohl, Kartoffelklöße oder Nudeln.

MEIN VATER

Mein Vater aß wahnsinnig gern und – logisch –
deshalb viel. Er trank täglich 3 Liter Milch und er war
– das hab ich von ihm geerbt – ein Schlabberfritze.
Ich hab ihm mal zu einem seiner letzten Geburtstage
– ich hab ihn ja jetzt schon überrundet – mal ein
Schlabberlätzchen mitgebracht. Er sagte dann immer
nur: Das ist ein Zeichen, dass es mir schmeckt. Und
wenn ihm das Fett an den Mundwinkeln zusammen-
und runterlief, sah er aus wie ein glücklicher
Zigeunerbaron.
Zu ihm musste man nicht sagen: Essen kommen!
Er saß schon da, wenn noch alles in der Küche emsig
hantierte. Er war ein »Pottekieker«.
Kein Topf war vor ihm sicher. Er hob jeden Deckel
hoch, um dann begeistert auszurufen: Hm, Hm, Hm!

Nachspeisen

Armer Ritter

Z U T A T E N

6 Scheiben altes Weißbrot
300 ml Milch
2 Eier
Zucker
Salz
1 Zitrone
circa 100 g Butter
Paniermehl
Zimt

Z U B E R E I T U N G

Die Brotscheiben klein schneiden. Die Milch mit den Eiern, dem Zucker, einer Prise Salz und etwas abgeriebener Zitronenschale verquirlen. Damit die klein geschnittenen Brotscheiben übergießen und gut einweichen lassen.

Butter erhitzen und die Brotstücke in Paniermehl wenden. In der heißen Butter die Stücke von beiden Seiten goldbraun ausbraten. Anschließend mit Zucker und Zimt bestreuen und sofort heiß servieren.

Stippmilch

ZUTATEN

250 g Quark
¹⁄₈ l Sahne
50 g Zucker
Zimt
Zucker zum Bestreuen
Pumpernickelbrösel nach Geschmack

ZUBEREITUNG

Quark, Sahne und Zucker mischen und kräftig schaumig schlagen. Die Masse in eine Schüssel geben und mit Zimt und Zucker bestreuen. Man kann alternativ auch Pumpernickelbrösel über die Milch geben. Kalt stellen und als Nachtisch oder an Sommerabenden als erfrischendes Abendessen genießen.

Buttermilchsuppe

ZUTATEN

1 l Buttermilch
100 g Zucker
50 g Vanillepudding
1 EL Rosinen oder getr. Backpflaumen
Rübenkraut

ZUBEREITUNG

Bis auf das Rübenkraut alle Zutaten in einen Topf geben und unter ständigem Rühren erhitzen. Kurz aufkochen, und schon ist die Suppe fertig. Pro Teller mit einem Esslöffel Rübenkraut verzieren.

Milchsuppe mit Mehlklütjes

ZUTATEN

Für die Suppe:
1 l Vollmilch
1 Vanilleschote
2–3 EL Speisestärke
Salz
Zimtzucker

Für die Klütjes:
3 Eier
2 EL Milch
125 g Mehl

ZUBEREITUNG

Die Vanilleschote in die Milch auskratzen. Die Milch mit der entleerten Schote und einer Prise Salz zum Kochen bringen. Speisestärke in Wasser anrühren und unter die Suppe schlagen. Einmal kräftig aufkochen. Für die Mehlklütjes die Zutaten gut miteinander vermischen. Vom so entstandenen Teig mit zwei Löffeln kleine Klößchen abstechen und diese in der Suppe 10 Minuten gar ziehen lassen. In Tellern servieren und mit Zimtzucker garnieren.

Süße Graupensuppe mit Pflaumen

ZUTATEN

1 Pfund Graupen
1 Pfund getrocknete Pflaumen
1 l Milch
1 EL Mehl
Zimt
Zucker

Die Graupen und Pflaumen über Nacht einweichen. Die eingeweichten Graupen abkochen. Milch erwärmen, einen in etwas Milch aufgelösten Esslöffel Mehl dazugeben und kurz aufkochen lassen. Anschließend die abgetrockneten Graupen und Pflaumen dazugeben. Bei kleiner Hitze nochmals kurz erwärmen. Je nach Geschmack mit Zimt und Zucker abschmecken.

Buttermilchkaltschale

Zwar sind die Sommer im Rheinland für gewöhnlich nicht besonders heiß, aber immerhin warm genug, um sich selbst oder die Kinder mit einer eiskalten Buttermilch zu erfrischen. Hier wird sie gar zum nahrhaft-sättigenden Hauptgang.

ZUTATEN
1 l Buttermilch
1/4 l Sahne
500 g frische Beeren
100 g Zucker
150 g Schwarzbrot

ZUBEREITUNG Zunächst das Schwarzbrot im heißen Ofen austrocknen lassen. Währenddessen die frischen Beeren mit 20 g Zucker bestreuen und Saft ziehen lassen. Das trockene Brot zerreiben und mit dem restlichen Zucker mischen. Die Beeren in eine Schüssel geben, die Buttermilch mit der Sahne mischen und darüber gießen. Für einige Stunden kalt stellen. Vor dem Servieren das Schwarzbrot darüber streuen.

Milchreis

1 Tasse Milchreis
1 l Milch
2 EL Zucker
1 Prise Salz
Zucker zum Bestreuen
Zimt

ZUBEREITUNG

Den Reis mit der Milch aufsetzen. Salz und 2 EL Zucker zufügen und bei geringer Hitze circa 20 Minuten ausquellen lassen. Der Grad des Durchkochens kann individuell gesteuert werden. Während Erwachsene oft noch etwas Biss haben wollen, kann er den Kindern meist nicht weich genug sein. In jedem Fall wollen beide Parteien zum Schluss Zucker und Zimt über den Milchreis gestreut sehen. Ein letzter Tipp: Besonders lecker schmeckt der Reis, wenn man das Mark einer frischen Vanilleschote beim Kochvorgang hinzufügt.

Muzemandeln

ZUTATEN

375 g Zucker
125 g Butter
3 Eier
Schale einer abgeriebenen, unbehandelten Zitrone
125 g gehackte Mandeln
750 g Mehl
40 ml Rum
40 ml Rosenwasser
2 Msp Hirschhornsalz
Palmin zum Ausbacken

ZUBEREITUNG

Aus den Zutaten einen Knetteig herstellen. Den Teig ausrollen (nicht zu dünn). Mit Muzemandel-Ausstechförmchen den Teig ausstechen und in reichlich heißem Fett ausbacken.

Quark-Muzen

Die Quark-Muzen sind Leckereien, die man kurz vor und während der Karnevalszeit isst!

ZUTATEN

500 g Mehl
500 g Quark, 40% Fettanteil
1 TL Natron
4 Eier
8 EL Zucker
Palmin zum Ausbacken
Puderzucker zum Bestreuen

ZUBEREITUNG

Die Zutaten mit einem Mixer verquirlen und anschließend in heißem Fett (z.B. Palmin) ausbacken. Dazu nimmt man mit 2 Teelöffeln etwas Teig ab und lässt ihn langsam ins heiße Fett gleiten.
Nach 5–10 Minuten herausnehmen, abkühlen lassen und mit Puderzucker bestreuen.

Rheinische Waffeln

Für dieses Rezept benötigt man ein Waffeleisen, mit dem sich die schönen Herzchenwaffeln herstellen lassen. Im vorigen Jahrhundert wurde diese Köstlichkeit noch zwischen zwei Eisen, die direkt ins Feuer gehalten wurden, duftend gebacken. Daher rührt auch der Name »Iserkoken«, der in manchen Gegenden heute noch gebräuchlich ist.

ZUTATEN

125 g Butter
3 Eier
80 g Zucker
250 g Mehl
1/2 Päckchen Backpulver
1/4 l Milch
1 Prise Salz

ZUBEREITUNG

Die warme Butter schaumig schlagen. Die Eier trennen. Zucker und Eigelbe unter die Butter rühren. Eiweiß steif schlagen. Das Backpulver mit dem Mehl mischen, eine Prise Salz zufügen. Die Milch leicht anwärmen und mit dem Mehlgemisch unter die Buttermasse rühren.
Zum Schluss das Eiweiß unterheben, sodass ein leichter Teig entsteht.

Das Waffeleisen mit Öl bepinseln und die Waffeln backen.

Noch ein Tipp: Sollten sie größere Mengen benötigen, backen sie zunächst alle Waffeln nacheinander. Stellen Sie den Backofen auf 200° und geben Sie die fertigen Waffeln vor dem Servieren zum Aufbacken hinein. So werden sie nicht nur heiß, sondern auch besonders knusprig.

Zu den Waffeln passen heiße Kirchen und Sahne. Weniger kalorienreich werden sie nur mit Puderzucker bestäubt gegessen.

Ballebäuskes

Traditionell gehören die Ballebäuskes zur Bergischen Kaffeetafel, aber auch der Niederrhein kennt sie. Hier werden sie bevorzugt an Neujahr und Karfreitag gegessen. Idealerweise werden sie in einer speziellen Ballebäuskespann gebraten, sie können aber auch, wie ihr großer Bruder, der Berliner, in schwimmendem Fett ausgebacken werden.

ZUTATEN

3 Eier
125 g Zucker
500 g Mehl
1 Päckchen Backpulver
250 ml Milch
1 Prise Salz
1 Prise Zimt
100 g Rosinen
1 Spritzer Rosenwasser
500 g Schweine- oder Butterschmalz
Zucker zum Bestreuen

ZUBEREITUNG

Eier trennen. Die Eigelbe mit Salz und Zucker mischen. Anschließend Mehl, Backpulver und Milch zugeben. Die Rosinen zufügen und mit Zimt und Rosenwasser abschmecken. Das Schmalz in der Form auslassen und die runden Teigbällchen goldgelb backen. Noch warm mit Zucker bestreuen.

Rosinenstuten

ZUTATEN

150 g Rosinen
80 ml Rum
600 g Mehl
50 g Zucker
2 Päckchen Hefe
400 ml Milch
60 g Butter
2 Eier
1 Prise Salz

ZUBEREITUNG

Die Rosinen im Rum über Nacht einweichen lassen.
Aus allen Zutaten einen Hefeteig herstellen.
Etwa 1 Stunde gehen lassen. Nochmals
gut durchkneten und mit den eingeweichten Rosinen mischen.
Eine Stutenform buttern
und den Teig einfüllen.
Nochmals kurz gehen
lassen.
In der Zwischenzeit
den Backofen auf
200° vorheizen.
Den Rosinen-
stuten in
1 Stunde
backen.

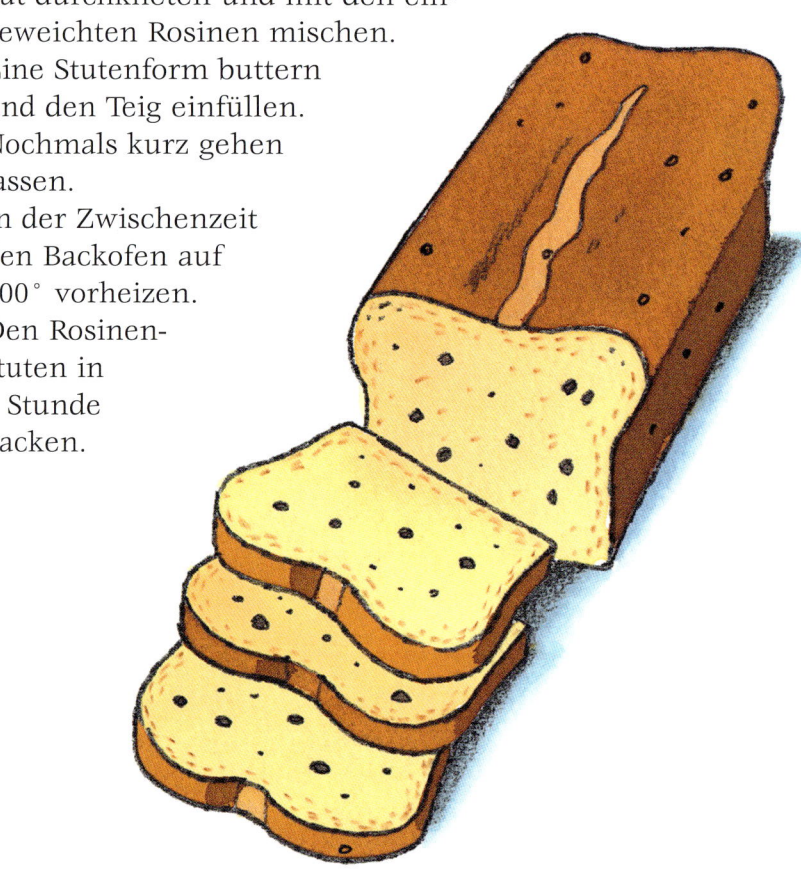

Moppen

ZUTATEN

150 g Honig
75 g Zucker
40 g Butter
1 Ei
250 g Mehl
$1/2$ Päckchen Backpulver
2 g Nelkenpfeffer
1 EL Kakao
1 TL Zimt
40 g gehackte Nüsse
30 g Zitronat
30 g Orangeat
evtl. eingeweichte Rosinen
120 g Puderzucker
1 TL Eiweiß

ZUBEREITUNG

Honig auflösen. Aus den restlichen Zutaten einen Rührteig herstellen und den Honig lauwarm hinzugeben. Walnussdicke Rollen formen und in schmale Scheiben schneiden. Aus den Scheiben Kugeln formen, die man mit Rosinen füllen kann.
Die Kugeln auf ein gefettetes Backblech setzen und bei 170° auf der mittleren Schiebeleiste 10–15 Minuten backen, bis sie goldgelb sind. Die Moppen auf einem Kuchengitter abkühlen lassen und mit Puderzuckerguss überziehen.

KIRSCHEN

Ich habe Ihnen von dem kleinen Hof erzählt, auf dem wir Kinder wie die Besessenen gespielt haben, sogar Tennis und Hockey. Dieser Hof ging in einen großartigen Garten über, darin standen, angelehnt an die Mauer zum Nachbarn, 3 Kirschbäume, jedes Jahr voll mit prallen, saftigen, dunkelroten Kirschen, die wir Kinder in den Ferien pflücken mussten.
Als mein Onkel Hein in seiner Werkstatt manchmal wohl merkte, dass wir mehr aßen als pflückten, kam er ans Fenster und rief immer: Ich hör Euch gar nicht flöten! Einmal, weil wir wohl zu laut waren, ließ er uns ganz nah an sein Fenster treten und schüttete einen ganzen Eimer mit Wasser über unsere Köpfe.
So konnte er auch sein, mein Onkel Hein.

Apfel- oder Kirsch-
pfannekuchen

Dies ist die süße Variante des Pfannekuchens. Äpfel und Kirschen sind zwar sehr beliebt, aber natürlich funktioniert das Ganze mit fast jedem festen Obst, z. B. Trauben, Birnen, Pfirsichen, Mirabellen …

ZUTATEN

300 g Mehl
3 Eier
400 ml Milch
30 g Zucker
Salz
Obst nach Wahl

ZUBEREITUNG

Aus allen Zutaten einen flüssigen Pfannekuchenteig rühren. Butter in der Pfanne erhitzen und die Pfannekuchenmasse einfüllen, sodass ein nicht zu dicker Pfannekuchen entsteht. Nachdem sie kurz angezogen hat, das Obst darauf verteilen und den Kuchen weiter stocken lassen. Mit Hilfe eines Tellers drehen, nochmals von der anderen Seite backen und mit Zucker bestreut servieren.

Noch besser ist es, den Zucker auf den heißen Pfannekuchen zu streuen und ihn kurz unter dem heißen Grill des Backofens karamellisieren zu lassen. Sollten sie festes Obst wie Äpfel wählen, empfiehlt es sich, diese vorab in etwas Butter zu garen, damit sie nicht zu hart sind.

Appeltaat (Apfelkuchen)

375 g Mehl
125 g Butter
125 g Zucker
2 Päckchen Vanillezucker
1 Päckchen Backpulver
2 Eier
5 EL Milch
1,5 kg feste Äpfel
3 EL Zucker
Saft von einer Zitrone
Zimt nach Geschmack

ZUBEREITUNG

Aus Mehl, warmer Butter, Zucker, 1 Päckchen Vanille-zucker, Backpulver, Eiern und Milch einen Mürbeteig kneten und etwas ruhen lassen. Anschließend teilen im Verhältnis 1:2. Die größere Menge auf einer bemehlten Fläche ausrollen. Eine Springform mit Butter ausstrei-chen und den Teig in die Form geben, sodass Boden und der ganze Rand gleichmäßig dick ausgelegt sind. In der Zwischenzeit den Backofen auf 200° erhitzen, mit möglichst viel Unterhitze. Die Äpfel schälen, vier-teln und das Kerngehäuse entfernen. In einem großen Topf unter Zugabe der 3 EL Zucker, des restlichen Vanillezuckers und des Zitronensaftes erhitzen. Jetzt je nach Geschmack etwas Zimt über die Äpfel streuen und halbgar werden lassen. Mit einem Kartoffelstamp-fer einige Male stampfen. Es sollen aber noch reichlich Apfelstücke übrig bleiben. Die Apfelmasse in die Springform schütten, den restlichen Teig ausrollen und die Form abdecken. An den Rändern fest andrücken und mit einer Gabel alle 2 cm einstechen, damit der Dampf entweichen kann. Im Backofen backen, bis der Teig schön braun ist.
Als besondere Spezialität können Sie noch den Saft einer weiteren Zitrone mit reichlich Puderzucker ver-mischen, sodass eine dicke Paste entsteht. Mit dieser Masse können Sie dem noch lauwarmen Kuchen auf der Oberfläche einen herrlichen Guss verpassen.

Flierepapp (Holundersuppe)

ZUTATEN

500 g reife Holunderbeeren
abgeriebene Schale einer Zitrone
30 g Sago (Stärke)
2 EL Zitronensaft
60 g Zucker
200 g geschälte Apfelscheiben

ZUBEREITUNG

Die Holunderbeeren abstreifen und in 1 L Wasser zum Kochen bringen. Die Zitronenschale beifügen. Die Früchte mit der Brühe durch ein feines Sieb streichen und wieder erhitzen. Dabei den Sago einstreuen (kann auch anders gebunden werden). Die Suppe jetzt mit Zitronensaft und Zucker abschmecken. Apfelscheiben dazugeben und langsam gar köcheln lassen. Die Suppe kann sowohl warm wie auch kalt gegessen werden.

Apfelkompott

ZUTATEN

süßsaure Äpfel je nach Bedarf
Weißwein
Zitronensaft
Zucker
Zimt
1 Vanillestange

ZUBEREITUNG

Äpfel schälen, vierteln und entkernen. In einen Topf Wasser einen Schuss Weißwein, Zitronensaft, Zucker, Zimt und eine Vanilleschote geben. Äpfel dazugeben und leicht köcheln lassen, bis sie zerfallen. In kleine Schälchen füllen und abkühlen lassen. Mit Vanillepudding oder Sahne anrichten. Dieses Rezept kann man auch für Rhabarber oder Stachelbeeren verwenden.

Apfel- oder Birnenkraut

Ein gutes Apfel- oder Birnenkraut gehört in jeden rheinischen Haushalt. Als süßer Brotaufstrich, zu Reibekuchen oder um eine Bratensauce süßsauer abzuschmecken, ist es unverzichtbar. Das Kraut hält sich in einem Marmeladenglas verschlossen mehrere Jahre bei gleich bleibender Qualität.

ZUTATEN

10 kg süße Äpfel oder
10 kg süße Birnen

ZUBEREITUNG

Die Äpfel oder Birnen waschen, das Kerngehäuse entfernen und in einen Dampfentsafter geben. Sollten Sie solch ein Gerät nicht besitzen, kochen Sie das Obst unter Zugabe von etwas Wasser im Topf weich. Danach den Inhalt nach und nach in ein Tuch schütten. Den Saft in einem Topf auffangen. Das Obst gut auspressen. Danach den Saft zum Kochen bringen und so lange köcheln, bis er geleeartig eindickt. In Marmeladengläser füllen und verschlossen an einem kühlen Ort aufbewahren.

Spekulatius

Das typische Weihnachtsgebäck vom deutsch-niederländischen Niederrhein. Er wird nicht mehr häufig selbst hergestellt, dafür ist die Qualität der Fertigware heute zu gut und die Herstellung zu mühevoll. Aber die Mühe lohnt sich allein schon wegen des unvergleichbaren Dufts, der während des Backens das gesamte Haus durchzieht.

ZUTATEN

500 g Mehl
1/2 Päckchen Backpulver
250 g Zucker
20 g Vanillezucker
1 Päckchen Spekulatiusgewürz (Zimt, Nelken, Kardamom, Zitronenschale)
150 g Butter
1 Ei
1 Prise Salz
100 g geriebene Mandeln

ZUBEREITUNG

Das Mehl und das Backpulver mischen und die restlichen Zutaten beigeben. Zu einem glatten Teig kneten. Danach in ein Küchentuch eingepackt kalt stellen.

Den Backofen auf 200° vorheizen. Sollten Sie Holzformen besitzen (es gibt sie auch heute noch in guten Küchenläden oder auf den Weihnachtsmärkten), diese mit Mehl ausstäuben, dann den Teig jeweils über der Holzform ausrollen und anschließend den überschüssigen Teig mit einem scharfen Messer wegschneiden. Die Formen umdrehen und die geformten Plätzchen auf einen bemehlten Arbeitsplatz stürzen. Vorsichtig auf ein Backblech legen und in circa 15 Minuten goldbraun backen.

Sollten Sie keine Holzformen besitzen, den Teig auf einer gut bemehlten Arbeitsfläche bis zur gewünschten Dicke der Spekulatius ausrollen. Anschließend mit Ausstechförmchen die gewünschten Modelle ausstechen und dann weiter verfahren wie schon oben beschrieben.

Kirmesbees

ZUTATEN

reichlich Himbeeren (ersatzweise Sauerkirchen)
1 kg weißer Kandiszucker
1 Vanilleschote
2 Nelken
2 Flaschen Korn

ZUBEREITUNG

In eine 3 l fassende Flasche abwechselnd Früchte und Zucker füllen. Die aufgeschlitzte Vanillestange und Nelken beifügen. Das Ganze mit Schnaps auffüllen und gut verschließen. Jeden Tag die Flasche einmal auf den Kopf stülpen und etwas schütteln. Der Bees braucht mindestens 6 bis 8 Wochen, um seinen vollen Geschmack zu entwickeln.

So, meine Lieben! Jetzt wird es Zeit nicht nur übers Essen zu reden, sondern auch Essen zu machen.

Ich schlage deshalb vor, wir gehen alle in die Küche, binden uns eine Schürze um, einer schließt die Augen, ich zum Beispiel, und schlägt willkürlich eine Seite des neuen Kochbuches auf und was da steht, das wird gemacht. Frikadellen steht da. Also ran an die Buletten.

Gott, was ist das auf einmal ein Gedränge in der Küche! Alles schneidet Zwiebeln, mengt und formt und mengt und rundet und schmeckt ab und wirft die Frikadellen in die Pfanne. Alles erfreut sich an der wunderbaren Brutzelei. Der Hunger steht im Raum, setzt sich an den Tisch und ruft:

Essen kommen!

Und so möchte ich mich langsam von Ihnen verabschieden. Meine kleinen Familienerinnerungen sind zeitlos, denn Essen und Trinken halten nicht nur Leib und Seele zusammen, sondern sind unser aller Labsal im Lauf eines langen Lebens.

In diesem Sinne: Verschenken Sie dieses Buch!

Rezeptverzeichnis

Der Verlag dankt ganz besonders
Frau Maria Becker-Meisters aus Kranenburg-Zyfflich
für ihre Hilfe bei vielen Rezepten.

1. Auflage 2000

© 2000 Verlag Kiepenheuer & Witsch, Köln
Lizenzgeber: Längengrad OHG, Köln
Kein Teil des Werkes darf in irgendeiner Form (durch
Fotografie, Mikrofilm oder ein anderes Verfahren)
ohne schriftliche Genehmigung des Verlages reprodu-
ziert oder unter Verwendung elektronischer Systeme
verarbeitet, vervielfältigt oder verbreitet werden.
Illustrationen: Jürgen Pankarz, Kempen
Fotografie: Paul Maaßen, Kempen
Layout und Satz: Hildy Ueberhofen, Köln
Lektorat: Christiane Heering-Labonté, Köln
Umschlaggestaltung: Rudolf Linn, Köln
Druck: Dr. Cantz'sche Druckerei, Ostfildern

ISBN: 3-462-03503-7

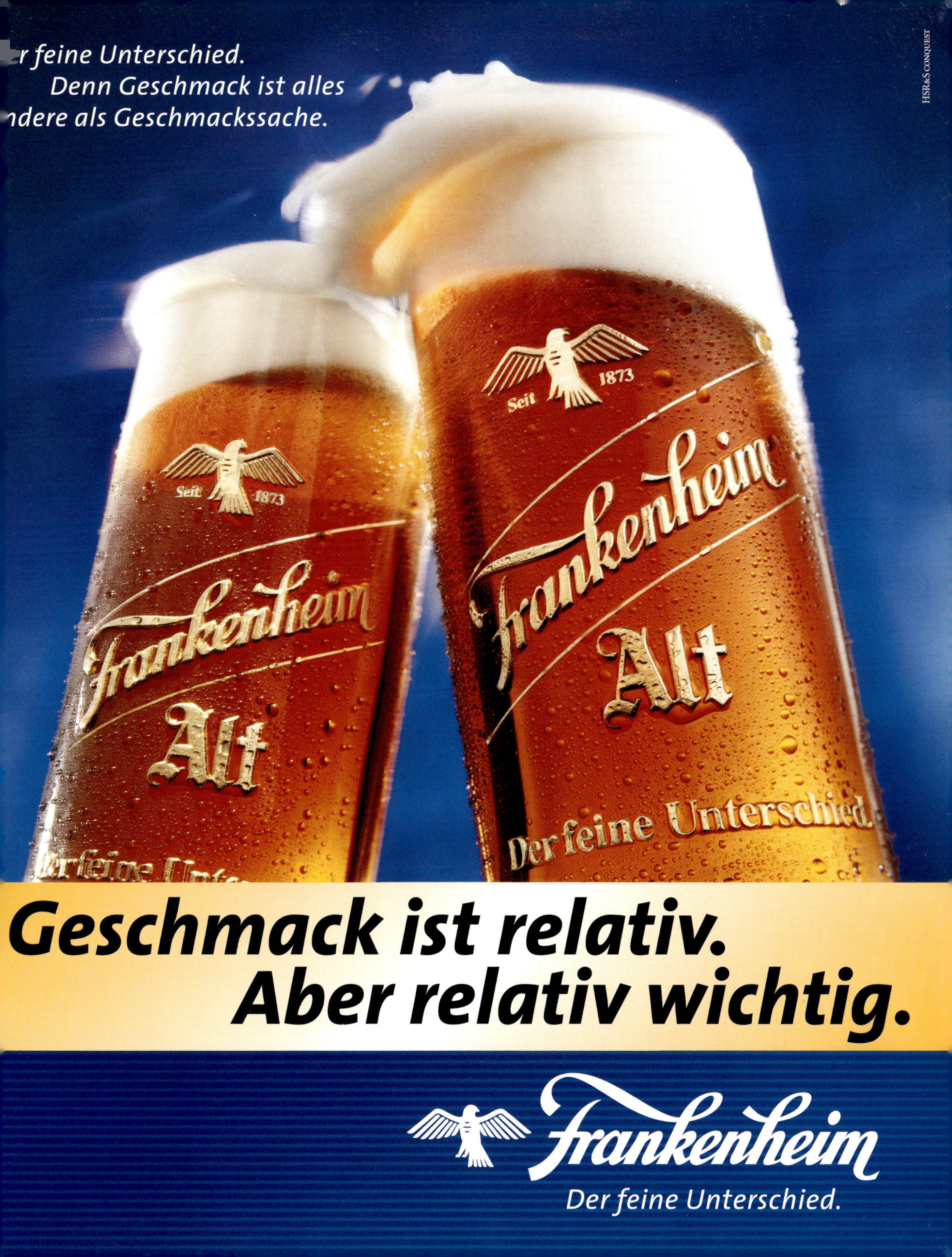

r feine Unterschied.
Denn Geschmack ist alles
ndere als Geschmackssache.
HSR&S CONQUEST
Seit 1873
Frankenheim
Alt
Der feine Unterschied
Seit 1873
Frankenheim
Alt
Geschmack ist relativ.
Aber relativ wichtig.
Frankenheim
Der feine Unterschied.

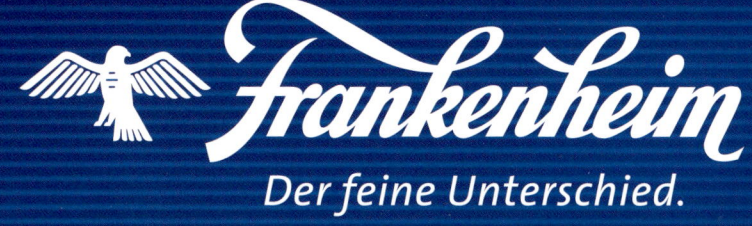